Rosemary Sutcliff
Tristan und Iseult

W0189804

Die Autorin:

Rosemary Sutcliff wurde 1920 in England geboren
und ist 1992 auch dort gestorben. Ihre Romane liegen in vielen Sprachen vor und sind mehrfach ausge-
zeichnet worden. Als »geniale und kompromisslose
Chronistin« erhielt sie 1975 den Orden des British
Empire für ihre herausragenden Verdienste um die
Jugendliteratur. Weitere Titel von Rosemary Sutcliff
bei dtv junior: siehe Seite 4

Rosemary Sutcliff

Tristan und Iseult

Aus dem Englischen von Bettine Braun
Mit Zeichnungen von Victor Ambrus

Deutscher Taschenbuch Verlag

Ungekürzte Ausgabe
In neuer Rechtschreibung, Stand 1996
August 1998
Deutscher Taschenbuch Verlag GmbH & Co.
KG, München
© 1971 Rosemary Sutcliff
© für die deutschsprachige Ausgabe:
1992 Verlag Freies Geistesleben GmbH, Stuttgart
ISBN 3-7725-1139-2
Umschlaggestaltung: Jorge Schmidt und
Tabea Dietrich
Umschlagbild: Martin Irish
Gesetzt aus der Garamond 11/13·
Gesamtherstellung: Ebner Ulm
Printed in Germany · ISBN 3-423-70495-0

Inhalt

Vorwort

Für die meisten Menschen ist die Geschichte von Tristan nur ein Kapitel in einem Buch über König Artus und die Ritter der Tafelrunde. In Wirklichkeit haben wir es aber mit einer eigenständigen Erzählung zu tun, so alt wie die ältesten Sagen von König Artus und gleich ihnen viel älter als alle schriftlichen Fassungen, die uns erhalten sind. Erst im späten Mittelalter wurde sie in den Sagenkreis um König Artus eingefügt.

Die erste schriftliche Fassung, die wir kennen, stammt ungefähr aus dem Jahr 1150. Etwa zehn Jahre später wurde sie von einem Mann namens Thomas neu erzählt und etwa weitere fünfzig Jahre später übernahm ein großer deutscher Dichter, Gottfried von Straßburg, die Geschichte von Thomas und berichtete sie mit seinen Worten. Seither wurde sie im Lauf der Jahrhunderte immer wieder erzählt. 1857 schuf Richard Wagner aus dem Stoff dieser Geschichte eines der ganz großen Werke der Opernliteratur.

In den frühesten Ursprüngen ist der Tristan-Stoff eine keltische Legende, eine Geschichte, gesponnen von Harfenspielern am Torffeuer in den hölzernen Hallen der Häuptlinge von Irland, Wales oder Cornwall, lange vor der Zeit der tapferen Ritter und edlen Frauen und turmbewehrten Burgen, in die sie meist versetzt wird. Die mittelalterlichen Troubadoure übernahmen sie und schmückten sie aus, kleideten sie in prächtige mittelalterliche Gewänder, aber bei genauerem Hinsehen kann man darunter immer noch die keltische Sage erkennen, wilder und dunkler und – trotz der Veränderungen – wirklicher. In dieser Nacherzählung habe ich versucht so weit wie möglich auf das keltische Original zurückzugehen und dabei habe ich eine wichtige Veränderung in der Geschichte vorgenommen.

In allen Versionen, die wir kennen, verlieben sich Tristan und Iseult ineinander, weil sie aus Versehen gemeinsam den Liebestrank trinken, der Iseult und König Marc für die Hochzeitsnacht zugedacht war. Nun stimmt die Geschichte von Tristan und Iseult im Grunde mit zwei anderen großen keltischen Liebesgeschichten, *Diarmid und Grania* und *Deirdre und die Söhne Usnas,* überein und in keiner von beiden ist von einem Liebestrank die Rede. Ich bin mir sicher, dass die mittelalterlichen Erzähler ihn als entschuldigende Begründung dafür hinzufügten, dass Tristan und Iseult einander liebten, während Iseult doch mit jemand anderem verheiratet werden sollte. In meinen Augen macht das aus etwas Wirklichem, Lebendigem, das aus ihnen selbst kommt, etwas Künstliches, das entstanden ist, weil sie unter der Wirkung von einer Art Zaubermittel standen.

Deshalb habe ich den Liebestrank ausgelassen.

Da alle, die die Sage in den letzten achthundert Jahren nacherzählt haben, dieses Motiv beibehielten, finde ich es wichtig, den Leser auf diese Veränderung hinzuweisen. Ich kann die Geschichte nur so erzählen, wie sie mir im Innersten richtig erscheint.

Rosemary Sutcliff

Tristan
kommt nach Cornwall

Es war einst ein König von Cornwall, dessen Name war Marc; das bedeutet in der alten kornischen Sprache Pferd, weshalb man sich von ihm erzählte, er hätte Pferdeohren. Aber das war nicht so. Er war ein Mann wie andere auch und er war ein besserer Krieger als sie.

Als er noch jung war und das goldene Gewicht der Krone auf seiner Stirn noch nicht gewohnt, war Krieg zwischen Cornwall und Irland, denn die Iren hatten die Küste von Cornwall, in ihren Schiffen vom Westmeer herkommend, immer wieder überfallen. Ein anderer König, Rivalin genannt, erhielt im Land Lothian Kunde von diesem Krieg. Es war hoher Sommer und es schien Rivalin, dass es für seine Kämpfer an der Zeit sei, ihre Speere wieder in Blut zu tauchen. So rief er sie zusammen, ging mit seiner wilden Schar an Bord und umsegelte das in jenen Tagen fast ganz von König Artus Pendragon beherrschte Britannien, bis er in Cornwall landete.

Marc war erfreut über Rivalins Anerbieten ihm zu helfen und gemeinsam wandten sie sich

gegen den Feind von jenseits des Meeres. Die
Geschichte berichtet nicht, wie der Kampf aus-
ging, doch er muss für Cornwall ein gutes Ende
genommen haben, denn als er schließlich vorüber war, gab Marc dem König von Lothian
seine schöne Schwester als Dank für die Speere,
die er in den Kampf eingebracht hatte.

Da war Rivalin froh, denn er und die kornische Prinzessin hatten einander geliebt von dem
Augenblick, in dem sie einander zum ersten Mal
sahen: Und er nahm sie freudig mit sich in sein
Land.

Ein Jahr lang lebten sie glücklich miteinander

und ein Sohn wurde ihnen geboren. Doch an dem Tag, da das Kindlein in diese Welt kam, musste seine Mutter, die Königin, sie verlassen. Und die Glocken aller Kirchen von Lothian, die zu ihrer Hochzeit erklungen waren, läuteten nun zu ihrem Begräbnis.

Für Rivalin war es, als sei die Sonne vom Himmel verschwunden und die Welt rings um ihn kalt und grau geworden; und lange Zeit ertrug er es nicht einmal, seinen Sohn anzublicken. Er nannte ihn Tristan, das heißt Kummer.

»Kummer über mein Herz«, sagte er, »dass ich je nach Cornwall ging.« Und er gab ihn der alten Kinderfrau der Königin, die mit ihr aus ihrem Land gekommen war, und den Frauen am Hof, damit sie für ihn sorgten. Dann wandte er sich wieder der Herrschaft über sein Königreich zu.

Sieben Jahre vergingen, da nahm Rivalin seinen Sohn aus der Obhut der Frauen und gab ihn einem jungen Mann mit Namen Gorvenal, damit er ihn lehre, was der Sohn eines Königs lernen muss. Und Gorvenal, der ihn sogleich liebte wie einen jüngeren Bruder, lehrte ihn reiten und mit Falken und Hunden jagen, Schwert und Lanze führen, laufen und ringen und springen. Und von vielen anderen Meistern lernte der Knabe andere und seltenere Fertigkeiten, über die ein Held verfügen muss.

Er lernte das Kunststück mit den Äpfeln und das mit der Klinge, das Kunststück mit dem Pfeil und das mit dem Seil, das Radkunststück und das Kunststück mit dem flach gehaltenen Schild. Er lernte das Katzenkunststück und den kecken Lachssprung, das Behändigkeitskunststück und das mit dem langen Atem, den Heldenschrei und vieles mehr.

Und von niemandem, allein aus seinem tiefsten Inneren lernte er die Harfe zu spielen, so als spiele er nicht auf den Saiten aus feiner weißer Bronze, sondern auf den Herzenssaiten seiner Zuhörer. Und als er zwölf Jahre alt war, gab es keinen Vogel in ganz Lothian, dessen Lied er nicht hätte nachahmen können, so vollkommen, dass jeder Vogel, den er rief, ihm antwortete.

In einer Winternacht, als Tristan sechzehn Jahre alt war, saßen er und Gorvenal beim glimmenden Torffeuer in Gorvenals Halle: Der Knabe zupfte gedankenverloren die Saiten seiner Harfe, der Mann arbeitete an einer neuen Haube aus Leder, gewachstem Zwirn und blaugrünen Reiherfedern, denn er war der Ansicht, dass jeder Mann sein eigener Falkner sein müsse und nicht nur die Vögel fliegen lassen sollte, die andere abgerichtet hatten.

Nach einer Weile legte Tristan seine Harfe beiseite und sah ins Feuer, das Kinn in die Hände gestützt, das Gesicht halb verdeckt von seinem dunklen, glatten Haar.

»Was siehst du im Feuer?«, fragte Gorvenal.

»Ich habe ferne Länder gesehen«, sagte Tristan.

Da wusste Gorvenal, dass die Zeit gekommen

war, das zu sagen, was seine Gedanken schon eine Zeit lang beschäftigt hatte. »Tristan, auch ich habe an ferne Länder gedacht. Du hast hier in Lothian alles gelernt, was wir dich lehren können. Es gibt keinen, der schneller laufen oder springen könnte als du, keinen, der das Schwert besser führt, keinen, der die Saiten der Harfe zum Leben erwecken kann wie du. Doch es wäre ein allzu leicht erworbener Ruhm für einen Prinzen, der Erste unter den Untergebenen seines Vaters zu sein.«

Tristan sah rasch vom Feuer auf, runzelte die Stirn und warf sein dunkles Haar zurück. »Ich will keinen leicht erworbenen Ruhm.«

»Das weiß ich, denn ich kenne dich. Nun, dann geh morgen zu deinem Vater, dem König, und bitte ihn um ein Schiff und seine Erlaubnis zur Reise, damit du andere Länder sehen und ihre Sitten kennen lernen kannst.«

Da ging Tristan am Tag darauf zu seinem Vater. »Sir, nun da ich sechzehn Jahre alt und ein erwachsener Mann bin, ist es Zeit, dass ich etwas von der Welt jenseits der Grenzen von Lothian kennen lerne. Ich möchte ferne Orte sehen und die Sitten anderer Länder erlernen und mich messen mit Männern, die nicht Eure Untertanen sind.«

Der König hörte dies gern und versprach Tristan das Schiff, um das er bat, damit er in See stechen könne, sobald die Winterstürme vorüber waren. »Und wohin willst du zuerst?«, fragte er.

»Du magst gehen, wohin du willst, doch ich bin ein einsamer Mann und du bist der einzige Sohn, den ich habe, so wüsste ich gern, in welchem Land ich mir dich denken soll.«

Tristan antwortete einen tiefen Atemzug lang nicht; dann sagte er: »Mein Herz sehnt sich seit langem danach, das Land meiner Mutter zu besuchen. Meine alte Kinderfrau, die mit ihr herkam, erzählte mir, als ich klein war, lange Geschichten über Land und Leute und das Meer, das vom Ende der Welt her an seine Küsten rollt. Mit Eurer Erlaubnis will ich zuerst nach Cornwall ziehen.«

»Cornwall hat mir viel Freude und viel Kummer gebracht«, sagte sein Vater. »Vielleicht wird es dir dasselbe bringen. Es ist ein Land, dem kein anderes gleicht.«

Und Tristan sagte: »Wenn es so ist, will ich den Kummer als gerechtes Entgelt für die Freude nehmen, mein Vater.«

Und so wurde ein Schiff reisefertig gemacht und ausgerüstet; und als nach den Winterstürmen die Winde günstig waren, begab sich Tristan mit Gorvenal und einer kleinen Schar junger abenteuerlustiger Gefährten auf die Reise entlang der Küste. Sie landeten an der Südküste von Cornwall und kauften Pferde, denn sie waren reichlich mit Gold versehen, und ritten nordwärts zu der königlichen Festung Tintagel.

»Wenn wir nach Tintagel kommen, so soll keiner von uns sagen, wer wir sind, denn ich will mir in der Welt jenseits von Lothian einen eigenen Namen machen und nicht nur geehrt werden, weil der König von Lothian mein Vater ist, und auch ganz gewiss nicht, weil ich der Schwestersohn des Königs dieses Landes bin.« Sie begriffen, was er meinte, denn sie waren selbst jung und stolz und heißblütig, und so willigten sie ein; Gorvenal aber, der älter war, sah, dass es klug gedacht war, und auch er willigte ein.

So ritten sie immer nordwärts durch Flusstäler und kahle Moore, bis sie schließlich am Abend des dritten Tages Seeluft spürten und aus dem alten dunklen Eichenwald ins Freie kamen und vor sich die große aus Torf und Holzbalken gebaute Festung hoch auf der Landzunge sahen mit ihren vielen langen, strohgedeckten Hallen und Ställen, die dicht gedrängt zwischen geschützten Obstgärten landeinwärts standen, in den Rauch der abendlichen Herdfeuer gehüllt und dahinter nur das weite glänzende Meer mit seinen großen Wellen, die vom Ende der Welt daherrollten, durchwoben vom Gold des Sonnenuntergangs.

Die Fackeln wurden schon angezündet, als sie an die wehrhaften Tore von Tintagel kamen, und die Wächter gewährten ihnen freien Zutritt, denn hier wurde nie einem Fremden Speise und Obdach verwehrt. Und beim Schein der Fackeln und des Feuers standen sie endlich vor König Marc in der großen Halle, in der er sich mit seinem Hofe schon zum Nachtmahl versammelte.

Und Tristan sah einen großen Mann vor sich, mit grauen Augen und grauen Strähnen im dunklen Haar, mit einer großen, gebogenen Nase und einem eisernen Mund, und er dachte, das ist einer, der lieben wie hassen kann, und wenn er hasst, dann gnade Gott dem Mann, den sein Hass trifft.

Und König Marc sah einen Jüngling vor sich, mit grauen Augen und glattem Haar, so schwarz wie die Flügel einer Dohle, und dachte, das ist das Gesicht eines Kämpfers und eines Liebenden und wo immer er weilt, wird Kampf und Liebe sein. Und ihre Herzen erwärmten sich füreinander, obwohl Marc nicht wusste, dass sie verwandt waren.

Der König hieß sie willkommen, winkte einen kleinen, stämmigen Mann herbei, der die goldene Kette des Seneschalls trug, und befahl ihm sie in den Raum für die Gäste zu bringen und dafür zu sorgen, dass sie zu essen bekämen und mit aller Achtung behandelt würden.

Aber Tristan schüttelte den Kopf und sagte rasch: »Herr König, wir danken Euch für Eure Aufnahme, doch sind wir nicht als Gäste gekommen; wir bringen Euch unsere Lanzen um in Euren Dienst zu treten, wenn es Euch genehm ist, und wir wollen mit Euren Kriegern zu Tisch sitzen und nachts bei Euren Kriegern schlafen.«

Der König schwieg einen Augenblick, die Hände auf den geschnitzten Hengstköpfen seiner Sesselpfosten, und ließ seinen Blick wieder über die jungen Männer schweifen, die vor ihm standen. Dann sprach er: »Sehr gerne nehme ich Euren Waffendienst an. Aber wenn ein Gast auch kommen und gehen kann, ohne dass man ihn nach seinem Namen fragt, so muss ich doch Namen und Herkunft jener wissen, die mit meinen Kriegern zu Tisch sitzen und des Nachts schlafen, wo sie schlafen.«

»Wir sind alle Söhne von Kaufleuten fern vom anderen Ende Britanniens, die es nicht verlangt, das Gewerbe ihrer Väter weiter zu treiben und die deshalb ausgezogen sind um Waffendienst zu leisten«, sagte Tristan. »Ich heiße Tristan und das ist Gorvenal, der Haushofmeister meines Vaters, der wie wir wenig Freude am Handeln hat. Und dies ist Caerdin und dies Gahault . . .«

Und so stellte er sie alle mit ihren richtigen Namen dem König vor und tat ihm doch nicht kund, wer sie waren. Dann gingen sie und ließen sich bei den Kriegern des Königs nieder und Holzteller mit Gerstenkuchen und riesige Braten von Wildschwein und Hirsch wurden aufgetragen.

Der Morholt

Mehr als zwei Jahre waren Tristan und seine Gefährten unter den Kriegern des Königs Marc; und wie es in Lothian gewesen war, so war es in Cornwall: Keiner der Männer konnte besser laufen und springen als Tristan oder geschickter als er die Spur der Hirschkuh verfolgen, keiner vermochte ihn im Schwertkampf zu besiegen. Der Harfenspieler von König Marc brachte keine lieblicheren Töne hervor und er überwältigte jeden Mann im Königreich beim Ringkampf, wo doch die Ringkämpfer aus Cornwall berühmt sind bis auf den heutigen Tag. Manche am Hofe hegten Eifersucht gegen ihn; doch eigentlich waren er und seine Gefährten wohl gelitten und König Marc war froh über den Tag, der sie an seine Tore gebracht hatte.

Doch dann kam schwere Sorge über das Land und das geschah so:

Der Krieg mit Irland, der Tristans Vater einst aus Lothian hergerufen hatte, war ein paar Jahre darauf wieder aufgeflammt. Man hatte schließlich wieder notdürftig Frieden geschlossen, doch nur unter der Bedingung, dass Cornwall

einen jährlichen Tribut von Getreide, Vieh und
Sklaven an Irland zahlen sollte. Cornwall hatte
ein oder zwei Jahre lang den Tribut gezahlt,
dann hatten beide Seiten die Sache fallen gelassen. Doch nicht lange, bevor Tristan nach Cornwall gekommen war um sein Glück zu machen,
war in Irland ein mächtiger Kämpe aufgetaucht,
baumlang und grimmig, mit der Kraft von vier
Männern; und er heiratete die Schwester des
Königs von Irland. Mit der Kraft seines riesigen
Schwertes, das beim Schmieden mit einem
Gebräu aus giftigen Blättern gehärtet worden

war, hatte er für Irland viele Inseln und ihre Bewohner erobert. Und der Tag kam, an dem er eine Flotte von Schiffen ausrüstete und sich aufmachte nach Cornwall zu segeln. Er hatte Boten vorausgeschickt, den König von seiner Ankunft zu unterrichten und davon, dass es an der Zeit sei, den Tribut zu bezahlen, der fünfzehn Jahre ausgeblieben war. Und er ließ verkünden, dass der Tribut, weil er so lange ausstand, nicht in Getreide oder Vieh gezahlt werden könne, sondern nur in Sklaven; je eines von drei Kindern, die in all den Jahren in Cornwall geboren worden waren. Wollten sie nicht bezahlen, so sollten sie sich in einer Schlacht verteidigen, so gut sie es vermochten, es sei denn, sie fänden einen Kämpen, der tapfer genug ware, für sie alle einzutreten und sich im Zweikampf mit ihm, dem Morholt, zu messen; einen Kämpen, stark und geschickt genug ihn zu besiegen.

Als König Marc die furchtbare Botschaft erhielt, berief er seine Edelleute und seine tapfersten Krieger nach Tintagel und sagte ihnen, welche Wahl sie zu treffen hatten: eines von dreien ihrer Kinder als Sklaven herzugeben oder der irischen Macht im Kampf entgegenzutreten. An einen einzelnen Kämpen brauchte man gar nicht erst zu denken, denn welcher Mann, auch wenn er noch so tapfer war, würde sich mit dem Morholt messen, der die Kraft von vieren in sich hatte? Denn wenn es ihm nicht gelang ihn zu besiegen, und es konnte ihm nie gelingen, so hätte er sein Leben sinnlos weggeworfen.

Da hob eine Unruhe im ganzen Land an wie vom Surren eines Bienenschwarms und die Krieger rüsteten sich für den Kampf, denn sie wollten ihre Kinder nicht als Sklaven ausliefern. Doch in Wahrheit machten sie sich wenig Hoffnung auf einen Sieg, denn Irland war sehr stark geworden unter der Führung des Morholt, für den viele Menschen aus unterworfenen Stämmen kämpften und arbeiteten; und obwohl die Männer ihre Waffen schärften, weinten die Frauen und begannen Plätze zu suchen, an denen sie ihre Kinder verbergen konnten . . .

Da ging Tristan zum Seneschall seines Herrn, Dynas von Lidan, der sein guter Freund war seit jenem ersten Abend in Tintagel, an dem der König ihm geboten hatte sich der Fremden anzunehmen.

»Besser als uns für den Krieg zu rüsten wäre es, dem Morholt seinen Kämpen zu schicken«, sagte Tristan.

»Wohl wäre es besser – wenn wir solch einen Kämpen hätten.«

»Ich werde als Kämpe für Cornwall eintreten – wenn ihr mich haben wollt.«

»Ihr?«, sagte Dynas. »Aber Ihr seid ja noch ein Jüngling! Der Morholt würde Euch lebendig verschlingen!«

»Das glaube ich nicht. Ich habe meine Geschicklichkeit bis jetzt noch nicht unter Beweis gestellt.«

»Tristan, wirf dein Leben nicht weg: Die Sache geht Cornwall an, nicht dich.«

»Nicht mich?«, fragte Tristan. »Geh dennoch zum König und nimm ihm das Versprechen ab, dass er keinen, der sich zum Kampf bereit erklärt, zurückweist, wie befremdend es ihm auch vorkommen mag.«

Da ging Dynas von Lidan schließlich zum König und nahm ihm das Versprechen ab. Und als das geschehen war, trat Tristan zur Zeit des Nachtmahls in der großen Halle vor den König und bot sich unter den Blicken aller Krieger als der Kämpfer von Cornwall an.

»Du!«, sagte der König. »Aber du bist ja noch ein Knabe! Deine Bitte zu erfüllen hieße, dich dein Leben wegwerfen zu lassen!«

»Ich bitte nicht«, sagte Tristan, »ich fordere, dass der König von Cornwall Wort hält!«

So wurde dem Morholt schließlich die Nachricht gesandt, dass Cornwall einen Kämpen beibringe, der sich mit ihm im Zweikampf messen wolle. Der Morholt ließ melden, dass er nur einen Kämpen annehmen werde, der ihm gleichkäme an Rang.

Da ließ König Marc Tristan zu sich kommen, ihm dies zu sagen, und halb trauerte sein Herz, dass Cornwall seinen Kämpen verloren hatte, halb freute es sich, dass der junge Krieger, den er lieb gewonnen hatte, nun sein Leben nicht fortwerfen konnte.

Doch als er gesprochen hatte, sagte Tristan: »Der Morholt ist der Gemahl der Schwester des Königs von Irland und steht wahrhaftig hoch; doch steht der Sohn des Königs von Lothian und der Prinzessin von Cornwall nicht höher?«

König Marc fuhr auf und sah ihn erstaunt an, denn er konnte noch nicht fassen, was er gehört hatte. Tristan aber fügte hinzu: »Als ich mit meinen Gefährten an Euren Hof kam, sagte ich Euch, wir wären alle Söhne von Kaufleuten, denn ich wollte mir selbst Ruhm in diesem Land erwerben und Eure Gunst erringen, weil ich sie verdiene, nicht weil Ihr Eure Schwester, meine Mutter, liebt und nicht, weil mein Vater Euer Freund war.«

König Marc schwieg lange, dann erwiderte er: »Was du mir sagst, macht es für mich noch bitterer, dich in den Tod gehen zu lassen. Doch du hast das Recht als Kämpe von Cornwall aufzutreten und ich kann es dir nicht verweigern.«

Da schickte er dem Morholt die Antwort, dass ein Kämpe aus dem Königshause von Cornwall sich ihm in drei Tagen auf einer bestimmten Insel nahe der kornischen Küste zum Kampf stellen werde. Doch sein Herz lag wie ein Stein in seiner Brust, denn er war gewiss, dass Tristan sterben müsse.

Am Abend vor dem vereinbarten Tag kam der König mit Tristan und seinen ersten Kriegern

und Beratern in der Dämmerung an die Küste gegenüber der Insel und richtete dort das Lager für die Nacht. Fern im Meer konnten sie die Lichtzungen in den finsteren Feuerkesseln auf den Hecks der irischen Schiffe ausmachen. Und im Morgengrauen erhoben sie sich und brachen zusammen das Brot und König Marc selbst diente Tristan, als wäre er sein Waffenträger, und legte ihm sein eigenes fein gearbeitetes graues Kettenhemd mit den Plättchen aus glänzender Bronze an und gab ihm ein neues Schwert, das noch nie blutig geworden war, und einen Schild, bemalt mit einem großen, schwarzen Eber, und einen Rotschimmel, dessen Sattel aus feinstem vergoldeten Leder war.

Dann führte Tristan das Pferd in das Flachboot, das auf ihn wartete, und ruderte selbst über den schmalen Streifen der Untiefen hinüber zur Insel.

Der Morholt war schon dort und hatte sein Boot festgemacht, wo dunkle Felsen und Haselsträucher das Ufer säumten. Doch als Tristan gelandet war und sein Pferd an den Strand geführt hatte, stieß er sein Boot fort und überließ es dem Wasser.

Der Morholt stand da, hielt seinen Rappen am Zügel und sagte, als er näher kam: »Wie seltsam, dass Ihr das Boot wieder fortgestoßen habt, nachdem Ihr gelandet seid.«

»Zwei sind auf diese Insel gekommen«, sagte Tristan, »aber nur einer wird ein Boot brauchen, das ihn wieder fortbringt.« Und sie sahen einander lange Zeit gerade in die Augen, jeder bei seinem Pferd stehend. Der irische Kämpe sah, wie jung der kornische Kämpe war, und sah das leuchtende Kampfesfeuer in seinen Augen. Und etwas in seinem kühnen Herzen sagte ihm, es wäre ein armseliges Werk, dieses tapfere Bürschchen zu erschlagen.

Und so sprach er: »Es ist doch schade, dass wir beide, die vielleicht hätten Freunde werden können, versuchen einander den Tod zu geben. Gibt es keinen anderen Weg?«

»Einen«, sagte Tristan. »Dass Irland auf diesen ungerechten Tribut verzichtet.«

»Das wird nicht geschehen. Wenn ich mich auf den Rückweg mache, nehme ich den Tribut mit mir. Aber unter uns beiden sei es gesagt – hier ist meine Hand in Freundschaft und die Hälfte meines Besitzes – Land und Gold, Pferde und Waffen, wenn Ihr bereit seid diesen Kampf sein zu lassen, denn ich möchte nicht Euer Tod sein.«

»Seid Ihr so sicher, dass Ihr das sein werdet?«, fragte Tristan. »Besteigt Euer Pferd und tötet mich, wenn Ihr könnt und wenn ich kann, werde ich Euch töten. Einen anderen Frieden kann es zwischen uns nicht geben.«

Und so gingen sie hinauf zu dem ebenen Platz mitten auf der Insel; und sie saßen auf und zogen sich an die äußersten Enden ihres Kampfplatzes zurück, dann wandten sie sich rasch einander zu.

Da gab Tristan seinem Pferd die Sporen und der Morholt tat augenblicklich das Gleiche und sie duckten sich hinter ihre Schilde und donnerten mit gesenkten Lanzen aufeinander zu. Krachend stießen sie zusammen wie ein alter und ein junger Stier, die um die Vorherrschaft in der Herde kämpfen. Beiden bohrte sich die Lanzenspitze des anderen in den Schild und die Lanzen zersplitterten in Stücke. Sie warfen sie von sich und zogen ihre Schwerter und kämpften im Sattel Mann gegen Mann. Tristan war der behändere Schwertfechter, aber der Morholt besaß die Kraft von vier Männern und seine Hiebe waren so sicher und heftig, dass der kornische Kämpfer zurückgedrängt wurde und eine Weile nichts tun konnte, als sich mit dem Schild zu schützen und sich zu verteidigen, so gut er es vermochte. Schließlich hob Tristan, als er seinen Kopf decken wollte, seinen Schild zu hoch und das Schwert des Morholt fuhr darunter und bohrte sich in seinen Schenkel bis auf den Knochen, so dass sein Blut hervorschoss und die Schulter seines Pferdes rot färbte.

Doch es schien, als ob die brennende Wunde und das rote Blut, anstatt Tristan zu schwächen, verzweifelten Mut in ihm weckten, den er zuvor nicht aufgebracht hatte, denn er riss sein Pferd herum, warf sich mit ihm gegen das Streitross des Morholt, dass sie Brust gegen Brust prallten und Pferd und Reiter zu Boden stürzten. Der Morholt stand augenblicklich wieder auf den Füßen und stieß sein Schwert Tristans Pferd tief in die Brust, so dass es sich schreiend aufbäumte und dann zu Boden stürzte. Tristan sprang beiseite, sah, dass das Pferd des Morholt wieder auf die Beine kam; der Morholt, der seinen Helm verloren hatte, griff schon mit der Hand nach dem Sattel und stemmte den Fuß in den Steigbügel um wieder aufzusitzen. Da kam über Tristan auf einmal eine Kraft und Behändigkeit, die er zuvor nicht gekannt hatte; er machte einen riesigen Satz und schlug den Morholt mit solcher

Gewalt aufs Handgelenk, dass seine rechte Hand, die das Schwert noch hielt, auf das zertrampelte Gras fiel. Sein nächster Hieb traf den Morholt auf den Kopf, so tief, dass ein Stück der Klinge, als er sein Schwert wieder hoch riss, im Schädel des irischen Kämpen zurück blieb.

Mit einem lauten Schrei drehte sich der Morholt um und floh, eine blutrote Spur auf dem salzigen Gras und den schwarzen Felsen hinter sich lassend, an den Ankerplatz seines Bootes und schon kamen andere Boote von den irischen Schiffen herbeigerudert.

Tristan ging hinunter zum Ufer, das landeinwärts lag, und auch hinter ihm war eine Blutspur in den Ginsterbüschen und auf dem grauen Kiesstrand und er ging dem Boot entgegen, das vom Land herüberkam. Aus der Ferne hörte er die Jubelrufe der kornischen Krieger, doch in seinem Kopf hallte es dumpf wie vom Rauschen des Meeres in einer Muschel und sein Blut sickerte unaufhörlich auf die Kiesel.

Die Heilungsfahrt

Sobald das Schiff, an dessen Bord der Morholt war, Irland erreichte, sandte man Boten zur Tochter des Königs, der Prinzessin Iseult, denn im ganzen Land gab es keine, die solche Geschicklichkeit in der Heilkunst besaß. Sie hatte das Wissen von den Heilkräutern und ihrem Gebrauch, sie kannte die geheimen Zaubersprüche, mit denen man das Fieber vertreibt und das Blut stillt, und verfügte über die alten Zauberkräfte der Heilpriester, die man Hexenkünste genannt hätte, wäre sie nicht eine Prinzessin gewesen. Wenn sie eintreffen würde, solange der Morholt noch lebte, konnte sie ihn retten; doch selbst sie konnte keinen Toten zum Leben erwecken und als sie mit dem Boten zurückkam, war der Morholt an seinen Wunden gestorben. Da sah sie das Stück von der Klinge, das noch in seinem Schädel steckte, zog es heraus und bewahrte es in ein Stück Seide gewickelt auf, damit sie es hätte, wenn sie einmal die Klinge eines Schwertes sähe, der ein solches Stück fehlte . . .

Nun trauerte ganz Irland, weil es seinen Kämpen verloren hatte, und allüberall im Land über-

tönte das Wehklagen der Frauen den Sommerge-
sang der Vögel. Und der König ließ den Morholt
mit großem Prunk begraben und befahl, dass
von diesem Tag an jeder der mit einem kornischen Schiff an der irischen Küste anlegen
würde, getötet werden sollte.

Dennoch war Cornwall nach der Bedingung
des Zweikampfes von dem Tag an vom Tribut
befreit.

Inzwischen hatte man Tristan nach Tintagel
zurückgebracht, dort lag er darnieder und Gorvenal war stets an seiner Seite, während der
König Ärzte und Gelehrte von nah und fern
herbeirief, dass sie ihn pflegten. Doch obwohl
sie kamen und die furchtbare Wunde an seinem

Schenkel betrachteten und dieses und jenes Heilmittel versuchten, schüttelten sie schließlich alle die Köpfe und gingen wieder fort.

»Die Wunde wurde mit einem vergifteten Schwert geschlagen«, sagten sie, »und wir sind machtlos gegenüber dem Gift einer solchen Klinge.«

So lag Tristan darnieder und wurde mit jedem Tag schwächer und die vergiftete Wunde wurde schwarz und eiterte und strömte einen so ekelhaften Geruch aus, dass nur der König selbst und Dynas, der Seneschall, und der treue Gorvenal es ertrugen, in seine Nähe zu kommen.

Da bat Tristan, dem es vor seinem eigenen Körper graute und der fürchten musste, dass er den Hof mit einer furchtbaren Krankheit anstecken könnte, König Marc, ihm am Meeresstrand eine kleine Hütte bauen zu lassen, wo er allein war mit den Wellen und den Meeresvögeln und wenigstens frei von der Sorge, durch seine Wunde für andere Menschen ein Schrecken zu sein.

Die Hütte wurde in einer kleinen Bucht unterhalb der Festung gebaut, wo die schwarzen Felsen, überwachsen von Seenelken, einen kleinen Halbmond weißen Sandes schützten. Dorthin trugen sie Tristan auf einer Bahre und alle folgten ihm hinab auf dem steilen Pfad von der Landzunge und betrauerten ihn wie einen Toten. Lange Tage und Nächte lag er da, gepflegt von Gorvenal und oft besucht von Dynas und dem König. Und wie die Tage und Nächte dahingingen, wurde er immer schwächer und kam dem Tod immer näher.

Eines Tages schließlich, als der König ihn wie gewöhnlich besuchte, sagte Tristan: »Ich habe lange Träume gehabt, wie ich hier so lag und den Wellen und den Meeresvögeln lauschte; und ich glaube, dass all meine Hoffnung dort draußen auf dem Wasser ist. Wenn ich hier liege, warte ich nur auf den Tod, ohne jede Hoffnung. Es ist Zeit, dass ich mich ganz Gott anvertraue, damit er mich dorthin führt, wo ich Hilfe finde, falls es in dieser Welt für mich noch Rettung gibt. Wollt Ihr mir deshalb eine letzte Bitte erfüllen, mein Oheim und Herr?«

»Ich würde mir um deinetwillen die Hand abhacken, die das Schwert führt, das weißt du«, sagte Marc.

»Ich bitte Euch nur, lasst ein Boot bereitmachen ohne Ruder und Steuer und lasst mich damit forttreiben mit Nahrung für ein paar Tage. Wenn Gott will, dass ich irgendwo Hilfe und Heilung finde in dieser Welt, wird er mich sicher hinführen. Wenn nicht, will ich lieber allein sterben dort draußen auf dem Wasser, auf der Suche, als hier ohne Hoffnung.«

»Nicht allein«, sagte Gorvenal. »In dem Boot müssen zweie sein.«

Tristan schüttelte den Kopf. »Nur ein kleines Boot. Ein Boot für einen. Wenn ich in einem Jahr nicht zurückgekehrt bin, musst du zu meinem Vater gehen und ihm von meinem Tod berichten und ihn in meinem Namen bitten dich an meiner Statt als Sohn anzunehmen.« Und zum König sprach er: »Es ist nicht viel – ein kleines Boot, ein wenig Nahrung und meine Harfe, die ich mitnehmen möchte; nicht mehr.«

Und König Marc stützte das Haupt in die Hände und salzige Tränen rannen durch seine Finger. »Ich werde tun, worum du mich gebeten hast«, sagte er. »Doch wenn du nicht zurückkehrst, werde auch ich einen Sohn verloren haben. Wer wird mich dann trösten?«

Das Boot wurde bereitgemacht; und auf seinem Boden verteilten sie Kissen; und auf die Kissen legten sie Tristan und neben ihn seine Harfe und Nahrung und Wasser für ein paar Tage. Und wieder versammelten sich die Leute trauernd am Strand; und als die Ebbe kam, stießen sie das Boot in die Brandung hinaus. Eine Zeit lang schaukelte es hin und her, dann erfasste der Sog der Fluten es und trug es an der Landzunge vorbei hinaus auf die offene See.

Bald schon konnte Tristan das Land nicht mehr sehen und war allein mit den Wellen und dem Himmel. Tagsüber glitten die Meeresvögel zwischen ihm und dem Himmel dahin und nachts kreisten die Sterne über seinem Kopf; und er wusste nicht, wie oft Tag und Nacht einander abgewechselt hatten. Doch dann kam ein Tag, an dem der Wind den warmen Geruch von Erde zu ihm hintrug; und als er sich mit letzter

Kraft erhob um über den Rand seines Bootes hinauszuschauen, sah er, dass die Flut ihn zur Mündung eines breiten Flusses trug. Die aufgehende Sonne schien golden durch hohes Schilf und wilde Schwäne flogen vom Wasser auf, den Widerschein des Morgenlichts unter ihren Flügeln. In der Ferne glaubte er andere Boote zu sehen und noch weiter entfernt die Rauchwolken von Herdfeuern. Es war kaum mehr Kraft in ihm und er wusste, ob er an diesem Ort Heilung fand oder nicht, hier musste seine Meerfahrt enden. Er hatte nicht den Atem zu rufen, aber er hatte seine Harfe und in seinen Fingern war noch die alte, wundersame Kraft. Er nahm sie und stimmte die Saiten und – war es ein Hilferuf an irgendeinen, der ihn hören mochte, war es um des Lichtes unter den Schwanenflügeln willen – begann zu spielen.

Das Ruderboot trieb immer näher ans Land und Männer in anderen Booten sahen es; ein Boot, das leer zu sein schien. Doch als es näher kam, hörten sie die wunderbaren Harfenklänge darüber schweben und sie zögerten eine Weile, weil sie glaubten, es sei Zauberei. Doch schließlich lenkten ein oder zwei Fischer, die mutiger waren als die anderen, ihre Boote aus Tierhaut und Flechtwerk an seine Seite; und als sie in die Barke schauten, sahen sie einen Mann darin liegen, ganz Haut und Knochen, an dem nichts mehr lebendig zu sein schien außer seinen großen fiebrigen Augen und seinen Händen auf den

Saiten einer Harfe; und er war ganz eingehüllt von dem Gestank seiner Wunde und einer Musik, die er den zitternden Saiten entlockte, lieblich wie die Klänge aus dem Land der Jugend.

Und als sie das gewahrten, sagte einer der Fischer zu einem anderen: »Hat man in Irland je eine lieblichere Musik gehört, seit der Dagda selbst die Menschen mit den süßen Tönen seiner Harfe in den Schlaf wiegte?«

Und als Tristan sie sprechen hörte, wurde ihm eisig kalt ums Herz, denn er kannte den Befehl des Königs von Irland nur zu gut. Seltsames Schicksal, das mich gerade an diesen Ort gebracht hat, dachte er. Und wenn diese Menschen erfahren, dass ich von Cornwall komme, werde ich hier gewiss meinen Tod finden. Aber seine Finger hielten nicht inne im Spiel und die Fischer wagten es nicht, ihn mit Fragen zu unterbrechen, so ehrfürchtig lauschten sie. Doch sie befestigten ein Tau an der Barke und machten sie am Strand fest und Tristan spielte immer weiter auf seiner Harfe.

Da kam der König von Irland mit ein paar Begleitern dahergeritten, und als die Fischer das Boot an Land geholt hatten, lief einer der Männer zu ihm und berichtete von dem Fremden, den sie gefunden hatten, denn der König fand immer Gefallen an seltsamen und wunderbaren Dingen. Und er ging hinunter um selbst nach dem verwundeten Fremden zu sehen.

Und als Tristan ihn kommen sah, erkannte er

an dem goldenen Reif auf seinem Kopf, dass es der König sein musste, und hielt inne im Spielen. Und der König fragte ihn, wer er sei und wie er in diese Not gekommen sei.

»Wenn Ihr meinen Namen wissen wollt, ich heiße Pro von Demester«, sagte Tristan – er nahm all seine Kraft zusammen für diese Antwort und sprach den ersten Namen aus, der ihm in den Sinn kam –, »und ich bin ein Spielmann, der um die Welt zieht. Ich war auf dem Weg von Spanien zurück in meine Heimat, die Bretagne, als unser Schiff von Piraten überfallen wurde. Im Kampf wurde mir diese Wunde geschlagen, an der ich wohl sterben muss. Die Piraten ließen mich für sie die Harfe spielen und mein Spiel hat ihnen anscheinend gefallen, denn sie legten mich in dieses Boot mit Nahrung für ein paar Tage und stießen mich ins Meer, dass ich leben oder sterben sollte, wie es kommen mochte. Und ich weiß nicht, wie viele Tage und Nächte seither vergangen sind; doch ich bin gewiss, dass sie mich getötet haben, wie sie auch die anderen auf unserem Schiff getötet haben.«

»Ihr sollt nicht sterben«, sagte der König, »denn die Welt wäre ärmer, wenn Eure Harfe nicht mehr erklänge; und hier in Wexford haben wir eine, die jeden heilen kann, der noch nicht tot ist.« Und er befahl seinen Leuten eine Bahre zu holen und den Fremden zum Haus seines Oberfalkners zu bringen, denn es war das nächstgelegene Haus in der Stadt, und ließ seiner

Tochter, der Prinzessin Iseult, Nachricht senden, dass ein Verwundeter da sei, der dringend ihrer Heilkunst bedürfe.

Wenn nun die Prinzessin selbst gekommen wäre, so hätte alles, was nachher geschah, ganz anders ausgehen können. Doch sie kam nicht. Sie befragte den Boten sorgfältig über Tristans Wunde, und als sie alles gehört hatte, was er berichten konnte, dachte sie: »Gewiss ist dies eine Wunde, die eine vergiftete Waffe geschlagen hat, und solche Wunden sind heilbar durch die grüne Salbe, die rote Salbe oder die schwarze Salbe.« So bereitete sie die Salben zu und einen Trank, der das Fieber vertreibt und ruhigen Schlaf schenkt; und sie gab alles dem Boten und sprach: »Bring dies in das Haus des Oberfalkners und heiße die Frauen im Haus den Verwundeten in kühlem Wasser zu baden und ihm den Trank aus Kräutern zu reichen. Und heiße sie die grüne Salbe auf reines Leinen zu streichen und es auf die Wunde zu legen und wenn sie nach einem Tag und einer Nacht nicht zu heilen beginnt, heiße sie das Gleiche mit der roten Salbe zu tun; und wenn sie nach einem Tag und einer Nacht nicht zu heilen beginnt, heiße sie die schwarze Salbe aufzulegen und nach mir schicken zu lassen; dann will ich selbst kommen.«

Da badeten die Frauen des Hauses Tristan in kühlem Wasser und gaben ihm den Trank aus Kräutern und pflegten seine Wunde mit der grünen Salbe und er fiel in langen, dunklen Schlaf;

es war der erste ruhige Schlaf, den er seit vielen Tagen und Nächten genoss. Und als er erwachte, war das Fieber vergangen und der üble Geruch von der Wunde gewichen, denn die grüne Salbe zog das Gift heraus und ließ das kranke Fleisch wieder rein und heil werden. Und als man der Prinzessin die Nachricht brachte, dass die grüne Salbe das Gift besiegt hatte, ohne dass man die rote oder die schwarze hatte gebrauchen müssen, sandte sie den Frauen des Hauses Kräuter, die sie dem Kranken geben sollten, und dachte nicht mehr an ihn, denn man bedurfte oft ihrer Heilkünste.

Und so lag Tristan im Haus des Oberfalkners und wurde gepflegt von seiner Frau und seinen Töchtern und die Ränder der Wunde wuchsen fest zusammen, bis der Tag kam, an dem er stark genug war seiner Wege zu gehen. Da verließ er das Haus des Oberfalkners ohne die Prinzessin Iseult je gesehen zu haben und ohne dass sie ihn je sah. Doch die Frauen im Haus waren traurig darüber, dass er ging.

Er nahm seine Harfe und sagte, dass für einen fahrenden Sänger ein Ort so gut sei wie der andere; und er bestieg ein Schiff, das nach Wales fuhr, und in Wales bestieg er ein anderes Schiff und kam nach Cornwall zurück, lange bevor das Jahr vergangen war. Doch Marc und Gorvenal und all die anderen, denen er am Herzen lag, hatten ihn längst tot geglaubt.

Die Suche
und der Drachenkampf

König Marc war überglücklich über Tristans Rückkehr und beschloss ihn zu seinem Erben zu machen. Aber seine Lords stimmten nicht zu. »Ihr seid noch nicht alt«, sagten sie, »heiratet und bekommt eigene Söhne!«

»Kein eigener Sohn könnte mir je so lieb sein wie Tristan«, sagte Marc, »und keiner könnte ein stärkerer oder gütigerer König von Cornwall sein, wenn ich nicht mehr bin. Ich habe nicht den Wunsch zu heiraten, ich befinde mich recht wohl so; und einen anderen Sohn als diesen brauche ich nicht.«

Da begannen die Lords untereinander zu beraten und einige von ihnen, die auf Tristan eifersüchtig waren, sagten, es sei sein Werk, und sahen ihn mit scheelen Blicken an. Tristan, den es nicht danach verlangte, König von Cornwall zu werden, hörte ihr Gemurmel und sah ihre Blicke und er war tief gekränkt und zornig; als sie den König aber wieder drängten zu heiraten, da war er bei ihnen und redete mit mehr Eifer als die anderen.

»Mein Herr und Oheim, Eure Lords haben

Recht, wenn sie wünschen, dass Ihr heiratet und einen eigenen Sohn zeugt, der nach Euch Herrscher über Cornwall sein wird. Und was mich angeht – meint Ihr es macht mir Vergnügen zu wissen, dass die Männer, mit denen ich an der Tafel sitze und auf die Jagd gehe, hinter meinem Rücken sagen, ich hätte es auf Euren Thron abgesehen?«

Doch auch da war der König noch nicht zu einer Zustimmung bereit. »Gebt mir drei Tage«, sagte er, »und ich werde gründlich darüber nachdenken. Kommt am Morgen des dritten Tages zu mir, dann werdet Ihr Eure Antwort erhalten.«

Drei Tage und Nächte lang schloss er sich ein und dachte nach; doch als der dritte Morgen graute, schwankte er immer noch jeden Augenblick in seinem Sinn. Es war wieder Sommer geworden und er erwartete seine Lords in dem offenen Hof vor seiner Halle, wo er auf feinen, blutrot gefärbten Schaffellen saß und mit den Ohren eines seiner Lieblingshunde spielte und immer noch nachsann, welche Antwort er ihnen geben sollte. Die Schwalben schossen unter dem Dach hin und her, und als er plötzlich ein leises Zwitschern über sich hörte, blickte er auf und sah zwei Schwalben, die sich um etwas stritten und, während sie rasch kreisten, einander immer wieder etwas entrissen. Schließlich ließen sie es fallen und als es herabschwebte, sah der König, dass es aussah wie ein Spinnwebfaden, doch

nicht silbern, sondern rot wie brennendes Kupfer, wenn die Sonne darauf fiel. Ohne zu wissen,
warum er es tat, streckte er die Hand aus und der
glänzende Faden schwebte hinein und da sah er,
dass es ein langes Frauenhaar war.

Es hatte eine Farbe, wie er sie nie zuvor gesehen, von einem so dunklen Rot im Schatten, dass
es fast purpurn war so wie Brombeerzweige im
Frühling, wenn der Saft steigt, doch wenn sich
das Sonnenlicht darin fing, hell leuchtend wie
eine Flamme. Gewiss, dachte der König, kann es
nur eine Frau auf der Welt geben, die Haar von

dieser Farbe hat; und diese eine Frau auf der Welt wird schwer zu finden sein. Und als ein wenig später Tristan und die anderen Edelleute in den Vorhof kamen, zeigte er ihnen das Haar und erzählte, wie es aus den Schnäbeln der beiden streitenden Schwalben in seine Hand gefallen war. »Dies ist gewiss ein Zeichen«, sagte der König. »Und so gebe ich Euch nun meine Antwort. Ich werde mich verheiraten, wie Ihr wünscht, doch nur mit der Frau, der dieses Haar gehört.«

Die Lords sahen einander an. »Es kann nur eine Frau auf der Welt geben, die Haar von dieser Farbe hat«, sagten sie. »Und diese eine Frau wird schwer zu finden sein.« Und wieder sahen sie Tristan scheel an, denn sie glaubten, er habe seinen Oheim auf diesen Gedanken gebracht. Da trat Tristan vor. »Mein Oheim, gebt mir das Haar und ein Schiff und ich werde mich auf den Weg machen und diese Frau suchen und sie Euch bringen, wenn ich sie lebend finde.«

Da sah der König, dass sich nichts dagegen tun ließ; und er rüstete ein Schiff aus mit vielen Vorräten für eine lange Reise und mit reichen Geschenken für die unbekannte Braut. Und Tristan sammelte hundert Kriegsleute um sich – allen voran Gorvenal –, auf deren Treue Verlass war; und sie liefen aus um in allen Ländern zu suchen, außer in Irland, denn es bedeutete immer noch den Tod, wenn ein kornisches Schiff dort landete.

Doch das Schicksal eines Menschen ist bestimmt und keiner kann auslöschen, was auf seiner Stirn geschrieben steht. Das Schiff geriet vor der Küste von Wales in einen Sturm und wurde von Wind und Wellen hin und her getrieben. Tags war keine Sonne zu sehen und nachts keine Sterne, die ihnen hätten sagen können, in welche Richtung sie segelten; bis schließlich der Sturm sich legte und das Schiff an einem flachen, schilfbewachsenen Strand auf Grund lief. Und als es Tag wurde, meinte Tristan diesen Strand schon einmal gesehen zu haben . . .

Es war die Stelle, an die sein kleines Boot ihn getragen hatte auf seiner Suche nach Heilung!

Sie waren an der irischen Küste unterhalb von Wexford angetrieben; und schon sahen sie, wie sich Fischerboote neugierig näherten und bewaffnete Männer von der Stadt heruntergesprengt kamen. Sie hatten keine Möglichkeit wieder in See zu stechen, bevor die Flut kam, und waren gefangen.

Da bat Tristan Gorvenal einen nach bretonischer Art geschmiedeten Goldbecher zu bringen, der sich unter ihren Schätzen auf dem Schiff befand; und als die bewaffnete Schar durch die Untiefen bis zu ihrem Schiff geritten kam und ihr Anführer, der Küstenmarschall des Königs, fragte, wer sie seien und woher sie kämen, da hatte er sich eine Geschichte für sie ausgedacht.

»Mein Name ist Tantris und ich und meine Begleiter sind Kaufleute aus der Bretagne, wo unsere Frauen und Kinder auf uns warten. Wir fahren um die Welt, Ware kaufend in dem einen Land und sie verkaufend in einem anderen, und bestreiten so unser Leben als ehrliche Leute. Zwei Wochen ist es her, da sind wir mit drei Schiffen aus unserem Heimathafen aufgebrochen nach Irland, doch bei Lyoness gerieten wir in den Sturm, der sich erst jetzt gelegt hat; er trennte uns und trieb uns in alle Himmelsrichtungen auseinander und warf uns in der letzten Nacht hier an die irische Küste; doch ob die beiden anderen Schiffe gesunken oder an einer anderen Küste gestrandet sind oder ob sie noch irgendwo fern auf dem Meer treiben, weiß Gott allein. Gebt uns deshalb Erlaubnis, die Pferde, die wir an Bord haben, an Land zu führen, denn sie sind sehr erschöpft von all dem Schaukeln und Schlingern, und lasst unser Schiff am Strand anlegen, dass es nicht von der Flut erfasst wird, während wir etwas über das Schicksal unserer Gefährten zu erfahren versuchen.«

»Wie kann ich wissen, ob Ihr nicht aus Cornwall seid?«, fragte der Küstenmarschall. »Ich habe Befehl vom König, dass die Besatzung eines jeden Schiffes aus Cornwall, das an dieser Küste anlegt, ohne Gnade zu töten ist. Habt Ihr einen Beweis für mich, dass Ihr aus der Bretagne kommt, wie Ihr sagt?«

»Nur dies«, sagte Tristan, nahm aus Gorvenals Hand den goldenen Becher und hielt ihn in die Höhe. »Ihr werdet sehen, dass der Becher im bretonischen Stil gearbeitet ist.«

Die Augen des Mannes glänzten beim Anblick des Goldes. Doch dann sagte er: »Ihr sagt selbst, dass Ihr in einem Land Ware kauft und sie in einem anderen verkauft. Der Becher ist kein Beweis.«

Tristan lächelte. »Dann nehmt ihn nur als Gabe von Freunden für Euch selbst und Eure Leute. Und erweist Euch uns gegenüber als Freunde, indem Ihr vom König die Erlaubnis für uns einholt, hier zu bleiben, unser Schiff wieder seetüchtig zu machen und Nachricht von unseren Gefährten abzuwarten.«

Und der Marschall ergriff den Becher. »Ich nehme die Gabe in Freundschaft an und will für Euch beim König vorsprechen.« Und er verließ sie, während ein paar seiner Leute Wache hielten.

»Und was soll nun geschehen?«, fragte Gorvenal. »Glaubst du, man wird um eines Goldbechers willen ein Versprechen halten? Hast du bedacht, dass er sein Wort brechen und dein Geschenk, das ihn bestechen sollte, behalten könnte?«

»Ich habe es bedacht«, sagte Tristan, »und ich bin sicher, er ist einer, den man kaufen kann, der aber auch seinen Teil des Handels erfüllt. Er hat den Becher genommen, und wenn ich mich nicht täusche, wird er so gerecht sein uns zu helfen. Zumindest haben wir ein wenig Zeit gewonnen.«

Da kamen ein paar der Leute, die alles angehört hatten, und halfen ihnen die Pferde ans Ufer zu bringen, und als sie die verängstigten Tiere durch das seichte Wasser führten, dass es aufspritzte, begannen die Glocken von Wexford zu läuten und die Männer sahen einander an und einer sagte: »Das ist das dritte Mal in so kurzer Zeit! Wie können sie nur so töricht sein ihr Leben wegzuwerfen.«

Und ein anderer sagte: »Wenn einer jung ist und heißblütig, dann wagt er viel für eine schöne Prinzessin.«

»Etwas wagen ist eine Sache«, antwortete der erste, »doch gegen diesen Feuerdrachen zu kämpfen bedeutet nun einmal den sicheren Tod.«

Als Tristan das hörte, wollte er sogleich mehr erfahren.

»Da wir Fremde in dieser Gegend sind«, sagte er, »bitte ich Euch, erzählt mir mehr von diesem Drachen, der Prinzessin und dem Glockengeläut, denn ich verstehe Eure Worte nur halb.«

»Habt Ihr denn nicht gehört«, sagte einer der Männer, »welches Unglück seit ein paar Monaten über Irland gekommen ist? Ein furchtbarer Feuerdrache verwüstet das Land und nun, da der Morholt tot ist, haben wir keinen Kämpen mehr, der stark genug wäre es mit ihm aufzunehmen. Die Dinge stehen so schlimm, dass der König dem Mann, der das Ungeheuer zu töten vermag, seine Tochter, Prinzessin Iseult, zur Ehe versprochen hat; und viele tapfere Kämpfer haben es versucht und sind unterlegen. Für den letzten von ihnen hört Ihr gerade die Glocken läuten.«

Da wurde Tristan sehr nachdenklich und als später das Schiff sicher vor der Flut an den Strand geholt war und die Pferde bewacht waren und weideten, ging er hinab, rief Gorvenal zu sich und bat ihn ihm Rüstung und Waffen zu reichen. »Ich habe es kommen sehen«, sagte Gorvenal, »denn ich weiß, wenn du von einem Abenteuer hörst, dann musst du dich hineinbegeben. Doch das ist Tollheit! Du hast gehört, was der Mann gesagt hat – es bedeutet den sicheren Tod, gegen den Feuerdrachen zu kämpfen.«

»Ich habe dich in diese Gefahr gebracht, denn ich habe dich mitgenommen auf diese seltsame Suche nach der Prinzessin mit dem Schwalbenhaar; nun muss ich dich auch retten und vielleicht kann ich es. Wenn es mir gelingt das Ungeheuer zu töten, kann der König von Irland uns nicht nach dem Leben trachten, selbst wenn er schließlich entdeckt, dass wir aus Cornwall kommen.«

»Nein, er wird dir seine Tochter geben«, sagte Gorvenal verzweifelt. »Hast du bedacht, was du mit einer fremden irischen Prinzessin beginnen willst, wo du doch noch am Anfang deiner Suche bist?«

»Das ist gewiss ein Wagnis. Und ich liebe

meine Freiheit zu sehr um mich jetzt schon nach einem Eheweib zu sehnen«, sagte Tristan lachend. »Aber wer weiß? Vielleicht ist sie so schön, dass ich mich anders besinne?«

Und sie sahen einander an; da verließ Gorvenal seine Verzweiflung und Tristan sein Lachen; und Gorvenal sagte: »Aber nimm mich wenigstens mit.«

Tristan schüttelte den Kopf. »Ich lasse dich hier, du sollst die Befehlsgewalt haben. Wenn ich in drei Tagen nicht zurückgekehrt bin, musst du mich aufgeben, das Schiff flott machen und so schnell wie möglich das Weite suchen; dann sei Gott mit euch allen. Nun hilf mir die Rüstung anlegen und wünsch mir Glück.«

Und in dieser Nacht, als es dunkel geworden war, nahm Tristan Abschied von seinen Gefährten, die auf dem Schiff lagerten, und während sie Lärm schlugen um die Wachen abzulenken, holte er sein Pferd von der Weide, führte es am Zügel und stahl sich davon.

Er fand in einiger Entfernung von der Küste ein Dickicht von Haselnusssträuchern; dort verbarg er sich, den Kopf auf den Sattel gelegt, bis zum Morgen. Beim ersten Tageslicht bestieg er sein Pferd und ritt zu den Hügeln hinauf, wo die Höhle des Drachen war. Er wusste, dass er sich auf dem richtigen Weg befand, denn die Landschaft war verbrannt und verwüstet; und als er zu den ersten Hügeln kam, hörte er in der Ferne ein Gebrüll und ein Haufen berittener Männer

kam ihm entgegen, die flüchteten, als sei ihnen die Wilde Jagd auf den Fersen; und im Vorbeireiten riefen sie ihm zu, er solle umkehren und sein Leben retten.

»Nun, das erleichtert mir die Suche«, sagte Tristan zu sich und lenkte sein Pferd in die Richtung, aus der sie gekommen waren. Das Land sah aus, als sei ein gewaltiger Brand darüber hingefegt; die schwarzen Stümpfe von Bäumen und Sträuchern ragten aus der Asche und hier und da lagen verstreut die verdorrten und halb zerfressenen Kadaver von Tieren. Über dem ganzen Land hing ein Geruch von Tod und Angst. Man kann es keinem verdenken, wenn er diesen Ort flieht, dachte Tristan und beruhigte sein Pferd, das zu scheuen und zu schnauben begonnen hatte. Und als er um einen mächtigen versengten Felsen geritten war, sah er vor sich ein kleines Tal und jenseits am Fuß eines Berges den Eingang zu einer Höhle. Es musste einst eine liebliche Stelle gewesen sein, an der ein Flüsschen sich durch Haselsträucher hinabwand. Jetzt waren die Haselsträucher nur noch schwarze Skelette und der Fluss kochte und spuckte wie ein Hexenkessel. Und vor dem Eingang der Höhle lag, wütend sich windend, der Drache, den er gesucht hatte.

Er war so lang wie ein ganzer Trupp Pferde, geschmeidig wie eine Wildkatze und tückisch wie die Sünde. Seine Augen blitzten grün und unheilvoll, aus seinen Nüstern quollen Feuer und Rauch und tödliche Dämpfe, die ihn einhüllten, und als er Tristan herankommen sah, schaukelte er das erhobene Haupt hin und her wie eine Schlange, bevor sie angreift.

Tristan beugte sich tief in den Sattel, hob die Lanze, gab seinem Pferd die Sporen und galoppierte den Abhang hinunter auf ihn zu.

Die Spitze seiner Lanze bohrte sich in seine Kehle, als er sich ihm entgegenwarf, und riss der Bestie eine tiefe Wunde. Doch Tristan und sein Pferd stürmten vorwärts in der Glut und dem

Gifthauch, und als das Pferd gegen die spitzen und eisenharten Brustschuppen prallte, brach es unter ihm zusammen und war tot. Tristan rettete sich durch einen Sprung auf die Seite und gewann eine kleine Atempause, denn der Drache stürzte sich auf das tote Pferd und zerriss es an Stelle des lebenden Mannes. Dann wälzte er sich davon, brüllend vor Schmerz, denn Tristans Lanze stak immer noch in seinem Schlund und hustend und Blut spuckend floh er zu den Felsen und den versengten Bäumen und Tristan folgte ihm mit erhobenem Schwert.

Unter den überhängenden Felsen am Ufer des Flusses kämpften sie weiter miteinander, Schwert gegen Zähne, Klauen und Flammen. Tristans Schild verglühte zu Asche und sein Kettenhemd versengte ihm das Fleisch, als wäre er in Feuer gekleidet. Doch der Drache wurde schwächer, denn die Lanze wühlte in seinem Schlund und seiner Brust; sein Peitschen verlor an Kraft, sein Feuer erlosch. Und da nutzte Tristan einen günstigen Augenblick, sprang mit seinem Schwert vor und stieß es tief, tief in die Brust des Ungeheuers, dass die Klinge bis zum Griff versank und ihre Spitze das Herz des Untiers traf.

Der Drache bäumte sich mit einem Gebrüll auf, dass es schien, als stürze der Himmel ein. Sein Todesschrei hallte von den Felsen und Bergesgipfeln wider und drang bis fern in die Sümpfe, und als er zu Boden stürzte und sein

Feuer erstarb, sah Tristan, dass er tot war. Nach Atem ringend und ermattet vom Kampf riss er ihm die Kiefer auseinander und hackte mit seinem Schwert die giftige schwarze Zunge ab.

Dann wandte er sich der verwüsteten Landschaft zu, in der Absicht, irgendwo wie ein verwundetes Tier den Tag über auszuruhen und sich nach Einbruch der Nacht, wenn er konnte, zu seinen Kameraden und dem Schiff zu schleppen.

Doch seine Wunden waren sehr tief, und es schien ihm, als sei sein Leib noch in Flammen gehüllt, und die Welt schwankte vor seinen Augen und unter seinen Füßen, dass er nur noch zum Fluss unterhalb der Höhle des Drachen hinabstolpern konnte. Jetzt floss das Wasser frisch dahin zwischen Baumstümpfen und lang herabhängenden Ästen; es rief ihn, von Kühle und Ruhe flüsternd; und er glitt ins Wasser und legte sich in seinem Kettenhemd in die Flut, nur sein Kopf ruhte auf dem Ufer. Und das Wasser strömte durch die Öffnungen seines Kettenhemdes und besänftigte den brennenden Schmerz seiner Wunden; und er fiel in eine tiefe schwarze Leere, halb schlafend, halb ohnmächtig.

Die Prinzessin
mit dem Schwalbenhaar

Einer der Männer aber, die Tristan auf der Flucht vor dem Drachen erblickt hatte, war der Seneschall des Königs, der Prinzessin Iseult schon lange zur Frau begehrte, obwohl sie ihn nicht liebte. Und als er sah, dass Tristan sich durch die Warnungen nicht zurückhalten ließ, entfernte er sich heimlich von den anderen und folgte seiner Spur. Denn obwohl er nicht den Mut hatte, selbst gegen den Drachen zu kämpfen, gelang es ihm meist, in der Nähe zu sein, damit er etwas von dem Sieg für sich beanspruchen könne, wenn einer, der tapferer war, sich dem Untier stellte. Und so war er nicht weit, als er das schreckliche letzte Aufbrüllen des Drachen hörte; und er sagte sich, dass diese Laute nur von einem Wesen in Todesqual herrühren konnten. Es musste schon tot oder so gut wie tot sein. Mut, mein Herz, wir wollen sehen, was dabei für uns zu gewinnen ist! Und er lenkte sein Pferd in die Richtung, aus der die Laute gekommen waren.

Und als er zwischen den Felsen suchte, fand er den toten Drachen und die zerfetzten Überreste von Tristans Pferd und den verkohlten Schild; doch von dem Drachentöter keine Spur. Gewiss hat das Ungeheuer ihn verschlungen, dachte der Seneschall. Nun gut, er ist nicht der Erste, der auf diese Weise sein Leben verlor; und wenn es so ist, mag sein Verlust mein Gewinn sein. Und er zog sein Schwert und hieb tapfer auf den toten Drachen ein, bis die Klinge seines Schwertes von oben bis unten blutig war. Dann bestieg er sein Pferd wieder und galoppierte zurück nach Wexford, laut verkündend, dass er den Drachen getötet habe und sein blutiges Schwert vor aller Augen schwingend. Er schickte nach einer Karre und sammelte seine Gefolgsleute, dass sie mit ihm zurückkehrten um dem Untier den Kopf abzuhacken. Und als das geschehen war und sie ihn im Triumphzug in die Stadt brachten, begab er sich in die Halle um dem König das blutige Schwert und den grauen abgehackten Kopf zu zeigen und um die Hand der Prinzessin anzuhalten.

Da war der König hin und her gerissen zwischen Freude, dass Irland von dem Untier befreit war, das das Land so lange verwüstet hatte, und Kummer, dass seine Tochter mit einem Mann vermählt werden sollte, den sie verabscheute. Doch er hatte sein Versprechen gegeben und konnte es nicht brechen. Er ließ nach der Prinzessin schicken, damit sie zu ihrer Verlobung käme.

Die Prinzessin saß über einer Stickarbeit in

ihrem Frauengemach auf der Sonnenseite des königlichen Hauses und sie hörte die Rufe in der Ferne, während sie an dem feinen Goldwerk eines Lilienblattes arbeitete; da sagte sie zu Brangian, der Ersten unter ihren Hofdamen: »Geht, schaut aus dem Fenster und sagt mir, was die Rufe bedeuten!« Und Brangian lief zum Fenster und schaute hinaus und sagte: »Es hat einer den Drachen getötet. Da steht eine Karre im Vorhof und darauf liegt der Kopf des Drachen – oh, er ist schrecklich zerhackt und blutbespritzt – und neben der Karre steht ein Mann mit einem blutigen Schwert in der Hand – und Euer Vater, der König, ist auch dort . . . und . . . und . . .«

»Und der Mann mit dem blutigen Schwert?«

»Ach, meine Herrin, es ist der Seneschall!«

Bei diesen Worten war es, als ströme alles Blut im Leib der Prinzessin zu ihrem Herzen zurück, und ihr wurde eisig kalt; aber sie sagte: »Es kann nicht mit rechten Dingen zugehen. Ich kenne den Seneschall; ich weiß, wie wenig Mut er hat. Er kann den Drachen nicht getötet haben. Er will einem anderen den Ruhm rauben.«

In diesem Augenblick trat der Bote des Königs ein und sagte, sie solle zu ihm hinunterkommen, auf dass sie verlobt werde.

Die Prinzessin führte die Nadel durch das goldene Lilienblatt und wies den Boten an: »Sagt dem König, meinem Vater, dass ich mich seinem Willen beuge und zu ihm komme um mich verloben zu lassen, doch nicht heute

Abend und auch nicht morgen Abend, denn ich bin müde und muss mich ausruhen. Am dritten Tag, wenn ich mich ausgeruht habe, werde ich kommen.«

Und als der Bote gegangen war, sagte sie zu Brangian: »Geh zu Perenis, meinem Mundschenk, und sage ihm, er solle drei Pferde satteln lassen und sie eine Stunde vor Tag am seitlichen Tor des Obstgartens bereithalten. Wir werden hinausreiten und uns alles ansehen, was noch zu finden ist an dem Platz, an dem der Drache getötet wurde. Es ist etwas Geheimnisvolles an der

Sache und vielleicht finden wir eine Antwort.« Und sie ließ die Nadel so heftig durch ihre Stickarbeit fahren, dass sie sich durch die Seide in ihren Finger stach und das Lilienblatt sich blutrot färbte. Und sie sprach: »Wir müssen die Antwort finden; denn lieber sterbe ich, als diesen Mann zum Gemahl zu nehmen.«

Am nächsten Morgen schlüpften die Prinzessin und Brangian, in dunkle Mäntel gehüllt und die Kapuzen über das Gesicht gezogen, durch die kleine Seitentür in den Obstgarten. Perenis wartete mit den Pferden auf sie und sie saßen auf und ritten zu den Bergen hin. Sie kamen in das Tal und fanden zuerst die zerfetzten Überreste des Pferdes; und Perenis stieg vom Pferd und beugte sich darüber, um das Zaumzeug zu betrachten. »Solch ein Pferdegeschirr sah ich nie in Irland!«, sagte er. Und sie ritten weiter, den Spuren des Kampfes folgend, und fanden den Leib des Drachen ohne Kopf zwischen den Felsen; und Prinzessin Iseult stieg vom Pferd, trat hinzu und betrachtete die Lanze, die in seiner Kehle steckte.

»Dies ist keine irische Lanze«, sagte sie. »Ein Fremder von jenseits des Meeres hat Irland von dem Untier befreit und es scheint, als habe er zum Lohn nur den Tod gefunden.«

Doch da fügte es sich, dass Brangian, die sich ein paar Schritte von ihnen entfernt hatte, ihren Blick zum Fluss hinschweifen ließ und in der Morgensonne, die auf einen Fleck schien, der am

Abend zuvor im Dunkeln gelegen hatte, unter schwarzen Erlenzweigen etwas bronzefarben aufleuchten sah. Da rief sie: »Dort ist etwas … Es sieht aus wie ein Helm … dort drüben im Fluss.« Und Perenis und die Prinzessin liefen herbei und sie gingen zusammen zwischen den Felsen hindurch zum Ufer, wo die Erlen und Haselbüsche wuchsen, und fanden Tristan, der noch immer dort im Wasser lag, wo er beinahe eine Nacht und einen Tag lang gelegen hatte.

Zuerst glaubten sie, er sei tot; doch als sie ihn ans Ufer gezogen und ihm den Helm abgenommen hatten, sah Iseult, dass er noch lebte.

»Rasch!«, sagte sie. »Helft mir seinen Kettenpanzer zu lösen und ihn davon zu befreien, damit wir sehen, welche Wunden er davongetragen hat.« Und als sie ihm den Kettenpanzer abnahmen, entdeckten sie, dass er Wunden hatte wie vom Kampf mit den Krallen einer Riesenkatze und dass seine Haut von Kopf bis Fuß versengt war. »Tödlich sind seine Wunden nicht, wenn er Hilfe bekommt«, sagte Iseult und betrachtete das Päcklein aus roter Seide, das um seinen Hals hing, und sie sprach: »Wir wollen es dort lassen. Vielleicht ist es ein Glücksbringer oder ein Andenken von einem Mädchen.« Und sie nahm etwas anderes, das unter seiner Rüstung gesteckt hatte, und sagte: »Ich glaube, dies ist dem Aussehen und dem Geruch nach die Zunge des Drachen, der dort drüben liegt.«

Da sagte Brangian: »Liebe Herrin, Ihr werdet

morgen nicht zur Verlobung mit dem Seneschall gehen.«

»Und auch an keinem anderen Tag«, sagte Iseult. »An keinem anderen Tag.« Und sie strich das nasse dunkle Haar aus Tristans blutverkrusteter Stirn und betrachtete lange Zeit sein schlafversunkenes Gesicht.

Dann halfen sie und Brangian Perenis, ihn auf eines der Pferde zu heben und Perenis stieg hinter ihm auf das Pferd und hielt ihn, wie die Frauen im Sattel sitzen. Und so brachten sie ihn zurück nach Wexford ins Haus des Königs und trugen ihn durch die Seitentür beim Garten, ohne dass es jemand bemerkte, hinauf in die Frauengemächer. Dort legten sie ihn auf ein Ruhelager und die Prinzessin begann seine Wunden zu pflegen, wie nur sie allein in Irland es vermochte.

Bald darauf gewahrte Tristan wie einer, der aus der dunklen Tiefe des Meeres ans Tageslicht heraufkommt, leise Stimmen, Bewegung und sanfte Hände, die ihn berührten; und er öffnete die Augen und kehrte wieder in die Welt zurück. Das Licht verschwamm vor seinen Blicken wie Wasser, doch er nahm zwei Frauen wahr, die sich über ihn beugten; und eine hatte Haar, so schwarz wie die tiefste mondlose Mitternacht; und die andere hatte Haar, das glühte wie warmes Kupfer, wenn das Licht der Abendsonne durch ein Fenster darauf scheint. Und er dachte: Wer immer diese sein mag, es ist die Jungfrau, nach der ich gesucht habe, denn gewiss kann keine andere in irgendeinem Land auf der Welt Haar von dieser Farbe haben. Und er fasste mit seiner Hand nach dem seidenen Päcklein an seinem Hals, in dem das einzelne Haar sicher aufbewahrt war. Die rothaarige Jungfrau sah von seinen Wunden auf und sagte: »Es ist ihm nichts geschehen. Und auch dem hier ist nichts geschehen, was wir unter Eurem Kettenhemd auf Eurer Brust fanden.« Und sie zeigte ihm die Silberschale, in die sie die gespaltene Spitze der Drachenzunge gelegt hatte.

Tristan war so schwach, dass seine Stimme ihm kaum gehorchen wollte. Aber es gelang ihm, ihr eine Antwort zu geben. »Es ist mein Glück, dass Ihr dieses abscheuliche Ding gefunden und aufbewahrt habt, denn ich habe nichts sonst zum Beweis, dass ich es war, der den Drachen tötete.«

»Darum habe ich es so gut aufbewahrt«, sagte die Prinzessin. »Doch nicht um Euretwillen tat ich es, sondern um meinetwillen. Mein Vater, der König, hat mich dem zur Ehe versprochen, der Irland von dem Ungeheuer befreien kann, und sein Seneschall sagt, er habe den Drachen getötet.«

Da erst merkte sie, was sie gesagt hatte, und sie errötete wie eine Fingerhutblüte und senkte den Blick.

Tristan aber sagte rasch um ihre Scham zu mildern: »Dann seid Ihr Prinzessin Iseult. Ich hätte es gleich erkennen müssen, denn ich habe gehört, dass Iseult von Irland die schönste der Frauen ist – und die geschickteste in der Kunst des Heilens.«

»In diesem Augenblick bin ich nichts als Eure dankbarste Dienerin«, sagte Iseult. »Und nun, da ich Eure Wunden versorgt habe, müsst Ihr einen stärkenden Trank zu Euch nehmen, und dann müsst Ihr schlafen. Und während Ihr schlaft, werde ich Euer Schildknappe sein und Euren Kettenpanzer und Euer Schwert vom Blut reinigen.«

Und wirklich kam Müdigkeit über Tristan und als er aus dem Becher getrunken hatte, den sie an seine Lippen hielt, ließ er sich zurücksinken und fiel in tiefen Schlaf. Und das Letzte, was er sah, als er die Augen schloss, war wie das Erste, als er sie geöffnet hatte, Iseults Antlitz, das sich über ihn beugte; doch nun hatte sich der Tag geneigt und ihr Haar war so dunkel geworden wie die Brombeerzweige, wenn im Frühling der Saft steigt.

Als er eingeschlafen war, brachten die Prinzessin und Brangian seine Rüstung und seine Waffen in ein anderes Gemach um ihn nicht zu stören, wenn sie sie reinigten. Und während Brangian begann seinen Helm blank zu reiben, nahm Iseult sein Schwert und zog es aus der Scheide. Aus der Mitte der Klinge war aber ein kleines Stück herausgebrochen. »Dieses Schwert hat schon harten Dienst geleistet«, sagte sie und hielt es ins Licht der Fackel um es näher zu betrachten. Und als sie es prüfte, schien es ihr, als hätte sie diese gezackte Form schon einmal gesehen. Ohne ein Wort legte sie das Schwert auf den Tisch, ging zu einer geschnitzten und bemalten Truhe in einer Ecke des Gemachs und holte daraus ein kleines, in Seide gewickeltes Ding hervor. Und als sie wieder an den Tisch getreten war, schlug sie die Seide auf und nahm den Eisensplitter heraus, den sie im Schädel des Morholt gefunden hatte. Vorsichtig hielt sie ihn an die Klinge, dort wo ein Stück fehlte – und siehe da, er passte genau hinein!

Über das Schwert hinweg, das auf dem Tisch lag, sahen sie und Brangian einander an. Kalt und furchtbar wurde Iseults Antlitz. »Der Drachentöter ist wohl derselbe, der meinen Oheim, den Morholt, erschlagen hat«, sagte sie nach einer Weile. »Und er ist krank und es liegt in meiner Hand, ob er getötet oder geheilt wird.« Dabei glitzerten ihre Augen wie eisiges Feuer.

Brangian aber, die ein mildes Herz hatte, schrie auf: »Nein! O nein, meine Herrin!«

»Doch!«, sagte Iseult. »Das Schicksal hat ihn mir in die Hände gegeben, damit ich den irischen Kämpen räche!«

»Ihr könnt ihn nicht töten! Er ist Euch hilflos ausgeliefert!«

»O doch, ich kann es«, sagte Iseult mit leiser Stimme. »Aber es wird nicht nötig sein, dass ich es tue, ich brauche nur meinem Vater, dem König, dieses Schwert zu zeigen.«

»Und die Zunge des Drachen vernichten! Wenn dieser tapfere Krieger beweisen kann, dass er nicht nur den Morholt besiegt, sondern auch den Drachen getötet hat, glaubt Ihr nicht, dass der König ihm das eine um des anderen willen vergeben muss?«, fragte Brangian. »Und dann, o meine Gebieterin, denkt daran, nur er kann verhindern, dass Ihr den Seneschall Eures Vaters heiraten müsst! Ist die Rache für Euren Oheim so süß, dass Ihr sie so teuer bezahlen wollt?«

Da schwieg Iseult lange und blickte auf das Schwert, das vor ihr auf dem Tisch lag. »Nein«, sprach sie endlich. »Nein, weder für Hass noch Liebe noch für das Leben selbst würde ich diesen Preis bezahlen.« Und sie begann zu lachen und schüttelte ihr Haar, dass es in dunklen Flammen um ihren Kopf loderte.

An diesem Abend ging sie zu ihrem Vater, dem König, und sagte ihm, dass der Seneschall ein Lügner und Betrüger sei, der einem anderen Ruhm und Lohn rauben wolle; und sie sagte ihm auch, dass sie den wahren Drachentöter gefunden habe.

»Nun«, sagte der König, als er sie angehört hatte, »da sind zwei, die behaupten, sie hätten dieselbe Tat vollbracht. Wer mag sagen, welcher von beiden die Wahrheit spricht? Was sie behaupten, muss erst geprüft werden; und ich kann dir kein Versprechen geben, Iseult, meine Tochter, bevor das nicht geschehen ist.«

»Dann lasst die Prüfung in drei Tagen sein«, sagte Iseult. »Der Mann, den ich fand, hat tiefe Wunden davongetragen von den Klauen des Drachen und seinem Feueratem. Und es wird drei Tage dauern ihn mit all meiner Heilkunst so weit gesund zu machen, dass er vor die Versammlung treten und für sich selbst sprechen kann. Doch in drei Tagen wird er genügend Kraft haben und er wird gewiss beweisen, dass er die Tat vollbracht hat.«

Eine Braut
für König Marc

Tristans Gefährten warteten beim Schiff auf seine Rückkehr. Am zweiten Tag aber ging unter allen Männern am Fluss die Rede, dass der Seneschall des Königs den Drachen getötet hätte und dass ein unbekannter Krieger, der vor ihm mit dem Untier gekämpft hatte, von ihm zerrissen und verschlungen worden sei. Und Tristans Gefährten sahen einander an und ihre Herzen waren von Trauer erfüllt. Da legte Gorvenal sich einen großen dunklen Umhang um, dessen Farbe sich der Landschaft anpasste, und machte sich ungesehen auf den Weg zur Höhle des Drachen. Wie der Seneschall und die Prinzessin fand er in dem Tal den Drachen mit abgeschlagenem Kopf und die zerrissenen Überreste von Tristans Pferd und seinen verkohlten Schild; und er ging zurück zum Schiff mit einem Herzen schwer wie ein Stein und berichtete den anderen, was er gesehen hatte.

»Es scheint keine Hoffnung mehr zu geben, dass Tristan noch lebt«, sagte einer der kornischen Krieger. »Lasst uns also das Schiff wieder flott machen und uns retten, wenn wir können.«

Doch die Männer, die Tristan aus Lothian gefolgt waren, sagten: »Gorvenal hat ihn nicht lebend gefunden, aber er hat ihn auch nicht tot gefunden. Wenn er aber doch noch lebt, so wäre es erbärmlich, wollten wir ihn seinem Schicksal überlassen.«

»Ein Krieger ist getötet worden von dem Drachen an dem Tag, an dem Tristan sich auf die Suche gemacht hat«, sagte ein anderer von den kornischen Männern des Königs Marc, »und wenn er noch lebte, so wäre er längst zu uns zurückgekehrt.«

Gorvenal stand da und musterte sie; und die Männer, die in See stechen wollten, meinten, es erhöbe sich ein Wind von Osten. »Drei Tage bat uns Tristan zu warten, doch es sind erst zwei Tage vergangen. Deshalb wollen wir wenigstens noch einen Tag warten und danach noch einen; denn vielleicht hat ihn bis jetzt etwas gehindert zu kommen. Wenn ihr Krieger von Cornwall euch jetzt auf den Weg macht, werdet ihr es ohne mich tun, und die Männer aus Lothian werden bei mir bleiben; und ihr mögt König Marc erklären, so gut ihr könnt, warum ihr ohne uns und ohne Tristan zurückkehrt.«

Da sahen die anderen Männer, dass alles nichts half, und gaben nach: Und das Schiff wartete weiter auf Tristan.

Zu derselben Stunde aber geschahen zwei Dinge. Der König von Irland ließ verkünden, dass ein anderer Krieger behauptete den Dra-

chen getötet zu haben und dass seine Behaup-
tung und die des Seneschalls in drei Tagen geprüft werden sollten; und Tristan, der all seine
schwachen Kräfte zusammennahm, schrieb eine
Botschaft an Gorvenal, in der er ihm berichtete,
was geschehen war, und ihn und die anderen
Männer bat am Gerichtstag anwesend zu sein;
sie sollten in den besten und prächtigsten Gewändern erscheinen, die sie an Bord hatten, und

sich als schickliche, tapfere und ehrliche Kaufleute aus der Bretagne gebärden. Dies tat er, weil
er glaubte, niemand in Irland wüsste, dass er etwas anderes sei, als er behauptet hatte: ein bretonischer Kaufmann, ebenso wie seine Gefährten.

Als sie erfuhren, dass Tristan noch lebte, brachen die Krieger aus Lothian in Freudenrufe aus
und die kornischen Krieger vergaßen, dass sie je
ohne ihn hatten in See stechen wollen und freu-
ten sich auch. Und sie holten ihre prächtigsten
Gewänder hervor und rieben ihre Waffen blank
um ihm vor der Versammlung Ehre zu machen.

Der Tag des Gerichts kam. Es sollte in der
großen aus Holz gebauten Halle stattfinden, die
auf einem Hügel mitten in der Stadt stand und in
der der König alle drei Jahre die Versammlung
seiner Stammeshäuptlinge abhielt und Recht
sprach und die Gesandten fremder Länder fest-
lich bewirtete. Die Könige von Irland hatten
solch eine Halle seit den Tagen Conor MacNes-
sas gehabt; leicht gezimmert wie eine Jagdhütte,
doch im Inneren behangen mit blauen, purpur-
nen und karmesinroten Stoffen; die Balken bemalt, der Boden bestreut mit frischen Binsen,
Wasserminze und Männertreu. Hier waren die
vornehmsten Häuptlinge und Edelleute des Königs versammelt und auch die Kaufleute von
dem bretonischen Schiff im Fluss, die nicht wie
Kaufleute aussahen, sondern eher, als seien auch
sie Krieger und Edelleute. Und aller Augen hef-
teten sich auf den schrecklichen Drachenkopf

auf der Karre, die durch das breite Eingangstor hereingebracht worden war und nun neben der Feuerstelle in der Mitte stand.

Da trat der König umgeben von seinen Leibwächtern ein und setzte sich auf den Thron, über den die Haut eines schwarzen Stiers gebreitet war. Und nach ihm trat die Prinzessin mit ihren Hofdamen ein und trug stolz den königlichen Reif, der ihr Haar zusammenfasste, und ließ sich nieder auf den bestickten Kissen, die zu ihres Vaters Füßen lagen.

Dann war ein Rascheln zu hören in der erwartungsvollen Stille, die Fanfare erklang und durch die Tür an der rechten Seite der Halle trat der Seneschall ein und durch die Tür an der linken kam Tristan, obwohl noch schwach von seinen Wunden, in einer so stolzen Haltung, dass die Männer einander zuflüsterten: »Das ist kein Kaufmann, sondern der Sohn eines Königs!«

Tristan aber richtete den Blick nirgendshin als auf den Kopf des Drachen neben der Feuerstelle und er verbarg sein kämpferisches Gesicht unter der seidenglatten Oberfläche der Gesittetheit.

Der König schlug mit dem silbernen Zepter in seiner Hand auf den Knauf seines Sessels um Ruhe zu gebieten. Und als Stille herrschte, sprach er: »Ihr Häuptlinge und Edelleute dieses Landes, ich habe Euch heute hierher berufen in einer Sache, die Euch angeht, wie sie ganz Irland angeht und ebenso meine Tochter Iseult, Eure Prinzessin. Ihr alle wisst – wie könnte es anders sein? – von dem fürchterlichen Drachen, der uns unerwartet heimgesucht hat, und von der Verwüstung und dem Elend, das er in diesen letzten Monaten über uns brachte. Ihr alle wisst, dass ich in dieser Verzweiflung die Hand meiner Tochter Iseult, des größten Schatzes, den ich zu geben habe, dem versprach, der das Land von diesem Unheil befreien kann. Ihr alle wisst, wie viele unserer kühnsten und tapfersten Krieger im Kampf mit dem Untier starben. Nun hat der Schrecken ein Ende; Ihr seht den Kopf des Drachen dort liegen; und zwei Männer beanspruchen die Ehre für sich, den Drachen getötet zu haben. Deshalb rufe ich beide auf, Beweise für diesen Anspruch zu erbringen; und weil mein Seneschall der Erste war, der sich Drachentöter nannte, soll er als Erster vor dieser Versammlung die Stimme erheben.«

Da blickten alle auf den Seneschall, der dreist verkündete: »Mein Herr und König, ich war es, der den Drachen tötete, und kein anderer. Ich tötete ihn nach einem langen, erbitterten Kampf aus Liebe zu Prinzessin Iseult. Und hier in dieser Karre liegt der Kopf des Ungeheuers, der dies so klar bezeugt, als könnte er sprechen! Kann es einen besseren Beweis geben als diesen?«

»Er reicht nicht aus«, sagte der König. »Es könnte einer den Kadaver eines Drachen finden, den ein anderer getötet hat, und ihm den Kopf abschneiden, weil er die Tat für sich in Anspruch nehmen will.«

»Doch wer würde den Drachen töten und seiner Wege gehen?«, fragte der Seneschall.

»Möge der zweite Mann, der behauptet, die Tat vollbracht zu haben, diese Frage beantworten«, sagte der König.

Nun trat auch Tristan vor und tauschte mit dem Seneschall zornige Blicke. »Euer Gnaden, auch wenn ich ein Kaufmann bin, so kann ich die Waffen doch recht gut führen. Und als ich von Irlands Leid hörte, dachte ich, es möchte gut sein für den Handel, wenn ich das Ungeheuer töten könnte, und ich kämpfte mit dem Untier und überwältigte es mit Gottes Hilfe; doch da sein Feueratem meine Haut verbrannt hatte, kroch ich, als der Kampf vorüber war, zum nahen Fluss um meine Wunden zu kühlen; dort kam tiefes Dunkel über mich. Und während ich in meiner Ohnmacht lag, muss dieser Mann den Drachen gefunden und gemeint haben, nun könne er die Belohnung erhalten, für die ein anderer gekämpft und geblutet hatte.«

»Lüge! Alles Lüge!«, rief der Seneschall. »Seht den Kopf des Ungeheuers! Mein Schwert ist noch dunkel von seinem Blut!«

»Dann solltet Ihr es säubern lassen«, sagte Tristan verächtlich. »Ein gutes Schwert verdient eine bessere Behandlung, Herr Seneschall!« Und dann fügte er hinzu: »Doch es war kein schlechter Gedanke, Eure Klinge mit dem Blut des Kadavers zu besudeln.«

»Lügner!« Der Seneschall war feuerrot vor Zorn und die Augen traten ihm aus dem Kopf.

»Einer von uns ist ohne Zweifel ein Lügner«, sagte Tristan. »Doch ich bin es nicht.«

Da ergriff der König wieder das Wort, während die Prinzessin unverwandt zusah und unruhig mit ihren goldenen Armbändern spielte. »Wollt Ihr Euch zur Prüfung dem Zweikampf stellen, damit Gott offenbar mache, wer der Lügner ist?«

Bei diesen Worten wurde das gerötete Gesicht des Seneschalls bleich und er schwieg. Und Tristan sprach: »Durch Gottes Gnade muss ich mein Schwert nicht durch solch eine Kreatur beschmutzen, denn ich kann anders beweisen, dass ich die Wahrheit spreche. Ist dieser Kopf gut bewacht worden?«

»Bei Tag und Nacht«, sagte der König.

»Und es konnte sich ihm keiner ungesehen nähern, seit er vom Leib des Drachen abgeschnitten wurde?«

»Keiner«, sagte der König.

»Dann lasst ein paar von Euren Männern seinen Rachen öffnen. Vielleicht hätte er zugunsten des Seneschalls sprechen können, wenn ihm nicht die Spitze seiner Zunge fehlte!«

Vier irische Krieger mussten all ihre Kraft anwenden um das riesige Maul des Drachen zu öffnen und als es ihnen gelungen war, konnten alle deutlich in der blutigen Höhle des Drachenmauls den schwarzen Stumpf seiner Zunge sehen!

Da sprang Tristan auf die Karre und nahm aus einem zusammengefalteten Tuch, das er bei sich getragen hatte, die lederne gespaltene Zungenspitze. »Ist das Beweis genug?«

»Das ist Beweis genug«, sagte der König.

Und als sie sich nach dem Seneschall umsahen, war er entschlüpft!

Plötzlich erfüllte schallendes Gelächter die Halle. Und noch bevor wieder Stille eingetreten war, ließ Tristan die Zunge des Drachen neben seinem Kopf zu Boden fallen, denn sie hatte ihren Zweck erfüllt; und er sprang von der Karre, ging zum König und kniete vor ihm nieder. Denn er wusste, der nächste Schritt musste rasch getan werden, solange der König und alle anderen in der Halle auf seiner Seite waren.

»Herr von Irland, es gibt etwas, das ich Euch jetzt sagen muss, bevor Ihr es aus anderem Munde hört und zwei Königreiche dadurch Schaden leiden könnten.«

»Und was ist das?«, fragte der König.

Da schaute Prinzessin Iseult rasch auf zwischen den langen roten Vorhängen ihrer Haare. »Es ist dies«, sagte Tristan. »Ich war es, der vor vier Tagen den Drachen tötete. Ich war es, der vor zwei Jahren den Morholt tötete.«

Alles erstarrte in Schweigen und ein Laut des Erstaunens ging durch die Halle, wo vorher Gelächter gewesen war; und die Prinzessin Iseult presste ihr Armband an ihr Handgelenk, bis rote Striemen auf ihrer weißen Haut zu sehen waren.

Die Brauen des Königs zogen sich düster zusammen. »Ihr? Ihr habt meinen Anverwandten, den Kämpen von Irland, getötet? Wisst Ihr, was Ihr da sprecht? Ihr wagt es, das zu sagen, wo Ihr hier vor mir und unter meinen Kriegsleuten steht?«

»Ich wage es«, sagte Tristan. »Doch bedenkt, Euer Gnaden, dass es nicht bei Dunkelheit geschah oder durch einen meuchlerischen Pfeil, sondern im gerechten Zweikampf, Leben gegen Leben; und dass er zum Kampf herausgefordert hatte.«

»Das ist wahr«, entgegnete der König langsam. »Und wahr ist auch, dass Ihr kein bretonischer Kaufmann seid. Der Morholt wurde von Tristan von Cornwall getötet.«

»Ich bin Tristan von Cornwall«, sagte Tristan stolz, »der Schwestersohn König Marcs. Und meine Gefährten sind kornische Edelleute, bis auf zwanzig Mann, die schon zuvor aus Lothian, dem Königreich meines Vaters, mit mir gekommen waren. Wir hatten nicht im Sinn, nach Irland zu kommen, denn wir wussten, dass das für jedes kornische Schiff den Tod bedeutete. Doch das Schicksal eines Menschen ist unabänderlich; der Sturm warf uns an Euer Gestade und da wir sterbliche Menschen sind, wollten wir leben und nicht getötet werden und so erfanden wir die beste Lüge, die wir ersinnen konnten.«

»Was brachte Euch aber in unsere Gewässer?«, fragte der König.

»Wir waren auf dem Weg nach Wales, als wir in den Sturm gerieten. Doch wahrlich, dieser Sturm war vom Schicksal gesandt, denn wir hatten uns auf die Suche nach etwas Bestimmtem begeben und wir hätten schließlich nirgends gefunden, was wir suchten, außer hier in Irland.«

»Ihr sprecht in Rätseln«, sagte der König.

»Ich werde sie aufklären.« Und Tristan erzählte die Geschichte der Suche nach der Schwalbenhaarprinzessin von Anfang an.

»Dann werdet Ihr also«, sagte der König, als Tristan geendet hatte, »Prinzessin Iseult, wenn ich sie Euch gebe, nicht als Eure Gemahlin mit Euch nehmen, sondern als zukünftige Königin von Cornwall.«

»So ist es«, sagte Tristan und er wandte den Kopf zu der Prinzessin; die aber sah ihn nicht an. »Dazu habe ich mich auf die Suche gemacht und ich ahnte nicht, dass sie mich hierher führen würde.«

»Es war wenig Freundschaft zwischen Irland und Cornwall in all den Jahren«, sagte der König, »warum sollte ich also die Prinzessin von Irland zur Königin von Cornwall bestimmen?«

»Es würde beiden Ländern Frieden bringen; und wäre das etwas so Schlechtes?«

Da sann der König von Irland lange nach, das

Kinn in die Hand gestützt. Und schließlich sprach er: »Nach den Monaten, in denen uns der Drache heimgesucht hat, sind wir wahrhaftig nicht in der Lage, Krieg zu führen. Vielleicht ist die Zeit gekommen, dass Irland und Cornwall Freundschaft schließen; und es muss wahrhaftig das Schicksal gewesen sein, das Euch an diese Gestade warf ... Was König Marc betrifft, so habe ich nichts Übles von ihm gehört. So nehmt sie also, nicht für Euch selbst, wie es Euch zustünde, sondern für Euren König. Und was die andere Sache anbelangt – es ist schwer für einen Mann meines Schlages eine Blutfehde um einen getöteten Anverwandten fallen zu lassen, doch ich muss die Überwindung des Drachen als gerechtes Entgelt für die Tötung des Morholt anrechnen. So geht denn in Frieden, wenn Ihr von dannen zieht, und nehmt den Frieden zwischen unseren Ländern mit Euch.«

So war Tristans Suche also zu Ende und er hatte für König Marc von Cornwall die Prinzessin mit dem Schwalbenhaar gefunden. Aber Iseult von Irland hatte den ganzen Morgen über in der königlichen Halle Tristan nicht mit einem Blick bedacht und hatte nicht ein einziges Wort gesprochen.

Das verborgene Tal

Es folgten Tage voller Lustbarkeiten am königlichen Hof, Jagden am Tage und Festgelage und Harfenmusik bei Nacht und indessen wurde Tristans Schiff seeklar gemacht und ein anderes, edleres Schiff wurde ausgerüstet um die neue Königin von Cornwall in ihr Reich zu bringen. Doch bei den irischen Leuten schwand die Lust am Feiern dahin und die Harfenlieder wurden trauriger, als der Tag nahte, an dem sie ihre Prinzessin verlieren sollten.

Und als die Zeit gekommen war und die beiden Schiffe darauf warteten, mit Tagesanbruch in See zu stechen, da folgten ihr nicht nur der König und der Hofstaat, sondern eine große Menge Volks hinab zum Hafen. Viele von ihnen weinten, doch die Prinzessin ging hoch erhobenen Hauptes unter ihnen wie eine Lilie unter ihrer goldenen Krone und in ihren Augen stand keine Träne.

Sie nahm Abschied von ihrem Vater und betrat das Schiff mit Tristan, Brangian und ihren Hofdamen und Perenis, ihr Mundschenk, folgte ihnen. Die Segel wurden gesetzt, die Ruderer beugten sich über die Riemen und sie ließen sich von der Flut hinaustragen aus dem Hafen von Wexford.

Die Winde waren günstig, als sie ihre Reise begannen, doch gegen Abend hoben sich Sturm und Wellen, und die Schiffe wurden hin und her geworfen. Und in der Kajüte, die man für sie unter dem Deck eingerichtet hatte, saßen die Hofdamen der Prinzessin elend und voller Angst. Tristan, der um ihr Befinden besorgt war, sah, dass sie den Kopf in den Händen hielten und seufzten. Die Prinzessin aber saß auf Kissen, den Rücken an den Mast gelehnt, und sah unverwandt in die wogenden Schatten, so schweigsam, wie sie es vor der Versammlung in der Halle ihres Vaters gewesen war. Doch um die Prinzessin war Tristan vor allem besorgt; und er kehrte zum Kapitän zurück und sagte: »Wenn das Meer sich bis zum Morgen nicht beruhigt hat, sollten wir an der walisischen Küste Schutz suchen, meine ich.«

Als der Morgen dämmerte, schlugen die Wogen unverändert hoch, die Ruderer kämpften an ihren Riemen und die salzige Gischt fegte über das Deck. Und als Tristan wieder hinabging, schrien die Frauen und wollten wissen, ob das Schiff sinke, und flehten, es möge geschehen. Aber die Prinzessin saß immer noch auf ihren Kissen an den Mast gelehnt und sah unverwandt in die Schatten hinaus.

»Wie geht es Euch, Herrin?«, fragte Tristan.

»So wie es einer Frau geht, die von ihrer Hei-

mat weggerissen wird um sich mit einem Mann
zu vermählen, den sie nie gesehen hat, um mit
ihm über ein fremdes Land zu regieren.«

»Ihr hättet in Eurem Land bleiben können
und Euch mit dem Seneschall Eures Vaters vermählen«, sagte Tristan, den ihre Worte gereizt
hatten. »Die Entscheidung lag bei Euch, Herrin.«

»Dann wäre ich lieber gestorben«, erwiderte
sie und sah weiter unverwandt vor sich hin.

»Wir werden alle sterben«, sagte eine ihrer
Hofdamen, indem sie sich den Umhang über
den Kopf zog, »und für mich kann der Tod nicht
rasch genug kommen, wenn wir nicht bald Land
unter den Füßen haben.«

Da ging Tristan wieder zum Kapitän und

fragte: »Wo ist die nächste geschützte Stelle an der walisischen Küste, die wir ansteuern können?«

»Es gibt eine kleine Bucht, die ich gut kenne; die könnten wir um Mittag erreichen«, sagte der Kapitän.

Also trennten sich die beiden Schiffe, und während das kleinere, von Gorvenal befehligt, Cornwall ansteuerte, flog das andere mit Tristan und der Prinzessin an Bord in einem Bogen wie eine Seeschwalbe vor dem Wind auf die dunstigen blauen Berge von Wales zu.

Um Mittag gelangten sie in den Windschatten einer langen, flachen Landspitze, zwischen deren Dünen weiches Gras und dunkler Stechginster mit leuchtend gelben Blüten wuchsen und sogleich glätteten sich die Wellen. Sie gingen in der kleinen Bucht vor Anker. Durch ein enges Tal kam von den Bergen herab ein Bach, an dessen Ufer der Holunder blühte, und der Gesang der Lerchen und die frischen Düfte des Landes mischten sich mit dem Geschrei der Möwen und dem kühlen Salzgeruch des Meeres.

Die Ruderer zogen ihre Riemen ein, das Schiff lag nun sanft schaukelnd mit aufgerollten Segeln und die Prinzessin und ihre Hofdamen kamen an Deck und sahen voller freudiger Ungeduld zum Ufer hinüber. Da sprangen Tristan und die anderen Männer über Bord in das flache Wasser um die Frauen an Land zu tragen. Und Tristan fing die Prinzessin in seinen Armen auf und trug sie durch die Untiefen und als er sie auf dem von den Wellen gerippten Sand absetzte, waren nicht einmal die Sohlen ihrer Schuhe nass geworden . . .

Dies war aber das erste Mal, dass sie einander berührten, seit die Prinzessin Tristans Wunden gepflegt hatte, und es war eine andere Art der Berührung; und als er sie niederließ, fanden sich ihre Hände, als wollten sie die Nähe nicht so rasch enden lassen. Und wie sie da so Hand in Hand standen, blickten sie einander an und Tristan sah, dass die Augen der Prinzessin von einem dunklen Blau waren wie das Gefieder der wilden Waldtauben; und sie sah, dass die seinen grau waren wie das unruhige Meer jenseits der Bucht. Und sie standen so nahe beieinander, dass jeder sein eigenes Spiegelbild in den Augen des anderen sah; und es war, als ginge in diesem Augenblick etwas von Iseult in Tristan ein und etwas von Tristan in Iseult, das sie ihr Leben lang nicht mehr verlieren würden.

Doch sie lösten ihre Hände voneinander, bevor irgendeiner etwas bemerkt hatte. Brangian aber hatte es gesehen.

Bevor der Abend kam, errichteten Tristan und seine Gefährten für die Prinzessin eine Hütte aus Haselnusszweigen und blühendem Holunder im oberen Tal, dort, wo der Bergbach herabkam; und sie brachten Teppiche und Kissen vom Schiff herbei um das Lager für sie und Brangian schön und angenehm zu machen. Und für die anderen Hofdamen bauten sie weiter unten im Tal eine andere Hütte. Die Männer aber schliefen unten am Strand in der Nähe des Schiffes.

Als es tagte, schien die Sonne in die geschützte Bucht, doch jenseits der Landzunge wogte das Meer wild und grau und hatte weiße Schaumkronen, von denen es heißt, sie seien die Mähnen der Manannan, der Pferde des Meeresgottes. Und Tristan sagte zu dem Kapitän: »Wir müssen noch einen Tag warten, bis der Wind sich gelegt hat.« Im Grunde seines Herzens war er froh darüber, denn der Ginster duftete honigsüß im Sonnenlicht und die ganze Nacht hatte er wach gelegen und zu dem Lichtschein hinaufgesehen, der aus der Hütte oben am Bach kam.

Doch er ging nicht zu Prinzessin Iseult hinauf. Er wandelte allein umher, lag im warmen Sand der geschützten Bucht, umweht vom Wind, ließ den Sand durch seine Finger rinnen und sah zu, wie das Gras auf den Dünen sich bog und bebte, und betrachtete die kleinen rosenfarbenen Schmetterlingsblüten des Hauhechels. Es war Prinzessin Iseult, die ihn suchte, mit einem kleinen Päcklein von gelber Seide in der Hand, und ihn hier fand.

Sie sagte zu ihm: »Seit Ihr mich gestern an Land trugt, habt Ihr weder mit mir gesprochen noch nach mir gesehen.«

»Herrin«, sagte Tristan, »Ihr wart eine freundliche Ärztin, als ich krank darnieder lag.

Doch seitdem schien meine Gegenwart Euch nicht angenehm zu sein.«

Da schwieg sie und sah ihn lange an. Sie hatte ihre Zöpfe gelöst und Sonne und Wind spielten mit ihrem offenen Haar. Aber Tristan sah aufs Meer hinaus. Schließlich sagte sie, als hätte sie zu einem Entschluss gefunden: »Ich habe etwas, das ich Euch zeigen möchte.«

Und sie wickelte das Päcklein gelber Seide auf und hielt ihm auf ihrer Hand den Splitter aus Eisen hin, der an der einen Seite gezackt und an der anderen scharf wie eine Klinge war. Tristan blickte auf den Splitter und blickte sie an und verstand noch nicht.

»Zieht Euer Schwert, Herr Tristan«, sagte sie. »Zieht das Schwert, das ich für Euch gereinigt habe, als Ihr krank danieder lagt.«

Und Tristan zog sein Schwert und sie legte den Splitter in die herausgebrochene Stelle der Klinge.

Sie sahen einander an und das Schwert lag blank zwischen ihnen auf dem Sand. »Ihr wusstet es also«, sagte Tristan schließlich, »schon bevor ich Eurem Vater sagte, dass ich es war, der den Morholt tötete; während ich krank darnieder lag, da wusstet Ihr es schon?«

»Ich wusste es«, sagte Iseult.

»Warum habt Ihr Euren Oheim nicht gerächt? Ihr, die Ihr die heilenden Kräuter so gut kennt, wisst sicher auch, welche von ihnen töten können. Ihr hättet es auch nur Eurem Vater sagen müssen, bevor ich ihm beweisen konnte, dass ich nicht nur den Morholt getötet hatte, sondern auch den Drachen. Es wäre ein Leichtes gewesen mich zu ermorden, Iseult.«

»Es wäre wohl ein Leichtes gewesen«, antwortete Iseult. »Doch dann hätte ich den Seneschall meines Vaters heiraten müssen. Und bedenkt, damals glaubte ich, dass ich mich entscheiden müsste zwischen ihm und Euch, nicht zwischen Euch und einem fremden König.«

»Nun, so bin ich allemal froh«, sagte Tristan, »dass ich Euch für kurze Zeit besser gefiel als der Seneschall Eures Vaters.« Und es war, als föchten sie mit Worten anstatt mit Waffen, und keiner sagte das, was wirklich in seinem Herzen war.

»Ihr gefielt mir wohl«, sagte die Prinzessin. »Dann aber erfuhr ich, dass nicht Ihr es seid, sondern der König von Cornwall, der mir gefallen soll.« Und sie warf den Splitter weit von sich in den Sand der Dünen wie ein Ding, das jetzt keine Bedeutung mehr hatte. »Aber ist das nicht eigentlich gleichgültig?«

Da blickte Tristan auf, der gerade sein Schwert in die Scheide gesteckt hatte, und als er sah, dass ihr Blick immer noch auf ihm ruhte, sagte er: »Was erwartet Ihr von mir, Iseult?«

»Nichts«, erwiderte Iseult. »Nichts in dieser Welt noch in der nächsten.« Und sie wandte sich um und ging davon.

Auch an diesem Abend drang wieder ein

Lichtschimmer aus der kleinen Laubhütte oben am Bach; und Tristan blickte oft hinauf, während er ruhelos am Fuß des Tales hin und her wanderte. Als der Mond aufging, kam der Kapitän zu ihm und sagte: »Der Wind hat sich gelegt und das Meer wird ruhiger. Morgen werden wir gutes Wetter für die Reise haben.«

»Dann bereitet alles vor, damit wir bei Tagesanbruch auf Fahrt gehen können«, sagte Tristan und er schickte Perenis zu der unteren Hütte, damit er es den Hofdamen sage. Er aber ging selbst hinauf zu dem Licht, das in der Hütte der Prinzessin leuchtete, um sie auf die Abreise vorzubereiten. Und bei jedem Schritt schrie etwas in ihm umzukehren und Perenis auch zu der Prinzessin zu schicken, doch er ging weiter.

Die Frauen hatten einen Umhang vor den Eingang gehängt, aber er war zur Seite gerafft, denn die Nacht war warm. Die Prinzessin und Brangian saßen auf ihren Kissen und kämmten ihr Haar und das Rot und das Schwarz schimmerten im Licht der Bienenwachskerze. Und als er vor den Eingang trat, sah Iseult auf und bat ihn einzutreten und Brangian sprang auf und schlüpfte hinaus.

»Ich hoffte, dass Ihr kommen würdet«, sagte Prinzessin Iseult, »denn es gab etwas, das ich Euch heute am Strand gern gesagt hätte und doch nicht gesagt habe.«

»Ich bin nur gekommen um Euch darauf vorzubereiten, dass wir morgen bei Tagesanbruch auf die Reise gehen müssen, denn der Sturm hat sich gelegt. Geht alles gut, so seid Ihr in zwei Tagen in Cornwall, Herrin.«

Die Prinzessin hielt im Kämmen inne. »Ich wollte, der Sturm legte sich nie und ich müsste nie nach Cornwall kommen.« Und sie machte Tristan Platz auf den Kissen und er trat hinzu und ließ sich an ihrer Seite nieder.

»Herrin«, sagte er, »auch in mir ist dieser Gedanke; doch er muss abgetan werden. Ihr werdet glücklich sein, wenn Ihr nach Cornwall kommt, und König Marc, mein Oheim, wird ein gütiger und liebender Gemahl für Euch sein.«

»Mag er gütig sein, mag er liebevoll sein; nicht das ist es, was mich glücklich machen wird; denn ich glaube, dass ich nie wieder froh sein werde«, sagte Iseult. »Dies ist der letzte Tag, an dem ich glücklich sein kann, und schon steht der Mond am Himmel.«

Und als er nicht antwortete, sagte sie: »Soll ich Euch den wahren Grund sagen, warum ich Euch nicht tötete, als ich entdeckte, dass Eurem Schwert der Splitter fehlte?«

»Ich denke«, sagte Tristan, »dass Ihr mir das lieber nicht sagen solltet.«

»Ich tat es nicht, weil ich Euch liebte«, sagte die Prinzessin. »Damals wusste ich es noch nicht. Ich wusste auch nicht, warum es mir wie ein Schwertstich ins Herz fuhr, als Ihr vor meinem Vater standet und für den König von

Cornwall um mich anhieltet, wo ich doch
glaubte, Ihr würdet es für Euch selbst tun. Ich
wusste es nicht, bis Ihr mich in die Arme nahmt
um mich durchs Wasser hierher zu tragen. Tristan, wer immer mich zur Frau nimmt, ob Ihr es
seid oder nicht, Ihr seid mein Herr, so lange ich
lebe.«

Da legte Tristan den Kopf in die Hände und
stöhnte auf.

»Liebt Ihr mich?«, fragte Iseult.

Tristan aber war es, als würde ihm das Herz zerrissen. »Iseult, ich bin König Marc untertan!«

»Aber liebt Ihr mich?«

»Und ich schulde ihm meinen ganzen Gehorsam.«

»Diese Männerrede von Treue und Gehorsam zählt für mich nicht viel«, sagte sie. »Was für mich zählt, ist Liebe. Liebt Ihr mich?«

Und Tristan sagte: »Ich liebe Euch. Auch wenn es für uns beide den Tod bedeuten mag, ich liebe Euch, Iseult.«

Und er sprang auf und wandte sich zum Gehen. Doch sie trat ihm in den Weg. »Dann bleibt noch ein wenig bei mir, bevor wir einander verlieren.«

Da schloss Tristan sie in die Arme und hielt sie fest umfangen und sie umfasste ihn und sie waren wie eine Geißblattranke und ein Haselnussstrauch, die einander umschlingen.

Doch als die Nacht vorüber war, trug die Flut ihr Schiff aufs Meer hinaus.

Der Zweig im Fluss

Als sie in der Bucht unterhalb von Tintagel anlegten, stand Iseult am Bug des Schiffes, gekleidet in ihr kostbarstes Gewand, mit dem königlichen Goldreif im Haar; und Tristan stand neben ihr, bereit sie an Land zu geleiten. Die Späher hoch auf der Burg hatten das Schiff schon von weitem herannahen sehen und König Marc, der ihre Ankunft schon erwartete, seit er vor zwei Tagen durch Gorvenal von den Ereignissen erfahren hatte, war hinuntergekommen an den Strand um seine Braut, die Schwalbenhaarprinzessin, willkommen zu heißen.

Und als das Schiff an dem hölzernen Steg anlegte und Tristan Iseults Hand nahm um ihr beim Hinaussteigen zu helfen und sie dem wartenden König entgegenzuführen, da war sie kalt wie Eis.

König Marc sah zu ihr herab und sprach: »Bis jetzt glaubte ich, diese Ehe sei dazu da eine alte Kluft zwischen Cornwall und Irland aufzuheben, doch jetzt weiß ich, dass sie auch Musik in mein Herz bringen wird.« Und er nahm ihre beiden Hände in die seinen. »Euer Haar ist rot wie Feuer, aber Eure Hände sind kalt. Doch die meinen sind groß genug sie zu wärmen.« Und er betrachtete sie eine Weile; dann zog er sie an sich, beugte sein Haupt und küsste sie.

Und Tristan wandte sich ab um alte Freunde und alte Feinde zu begrüßen und dachte: Er liebt sie auch! Gütiger Gott im Himmel, der König liebt sie auch!

Achtzehn Tage später waren König Marc und die Prinzessin vermählt. Iseult war nicht länger Iseult von Irland, sondern Iseult von Cornwall; und ihr Platz war an der Seite des Königs und sie trug den goldenen Reif einer Königin um die Stirn. Und lange Zeit – oder schien sie nur ihnen lang? – sah Tristan sie nicht an und sie sah ihn nicht an; und das alte Band zwischen Tristan und dem König, seinem Oheim, war wieder geknüpft.

So gingen der ganze Herbst und der Winter dahin und der Frühling kehrte zurück. Und eines Tages, als der Ginster wieder an den Gestaden blühte, begegnete Tristan der Königin in dem kleinen Garten, der sich in die Felsen unterhalb der Burg schmiegte. Sie sah nach Irland hinüber und weinte. Da flammte all die Liebe zu ihr, die er an den dunkelsten und verborgensten Ort in seinem Inneren verbannt hatte, empor; er nahm sie in die Arme und drückte sie an sein Herz und küsste sie, wie er es in der kleinen Hütte zwischen den Holundersträuchern getan hatte. Und für beide gab es keinen Weg mehr zurück in das, was war.

Wie das Unglück es wollte, sah sie ein anderer Neffe des Königs mit Namen Andret, der Tristan beneidete. Und von da an beobachtete Andret sie, bis er sicher war. Darauf ging er zum König und berichtete ihm, dass Tristan und Iseult einander liebten.

Der König wollte ihm nicht glauben. »Du warst immer eifersüchtig auf Tristan, seit er aus Lothian gekommen ist«, sagte er.

»Ich sage Euch nur die Wahrheit, denn ich kann es nicht ertragen, dass man Euch Unrecht tut.«

»Du könntest es sehr gut ertragen, dass man mir Unrecht tut«, sagte der König. »Du sagst mir dies nur, weil du glaubst, es würde Tristan in meinen Augen herabsetzen. Tristan hat mir seine Treue auf vielerlei Weise bewiesen, er ist der Kämpe von Cornwall und er war es, der mir die Königin brachte ...«

»Woher wisst Ihr, was sie einander waren, bevor er sie Euren Händen übergab?«

»... und ich will nichts Schlechtes von ihm glauben, bis ich es mit eigenen Augen gesehen habe.«

»Und wenn Ihr es mit eigenen Augen seht?«

»Dann werde ich es glauben, zuvor aber nicht.«

Und der König verschloss seine Gedanken gegen das, was Andret ihm gesagt hatte, und schwor sich in seinem Herzen, er würde weder sein Weib noch Tristan, die beiden Menschen, die er auf Erden am meisten liebte, beargwöhnen. Doch obwohl er es nicht wollte, war es, als hätten Andrets Worte einen gütigen Schleier vor seinen Augen weggezogen, und er bemerkte die Blicke, die in der Halle zwischen ihnen hin und her gingen, und wie Iseult verstummte, wenn sie Tristans Stimme hörte. Und eines Tages, als er unvermittelt ins Frauengemach trat, fand er sie umschlungen, und Iseults rotes Haar hüllte beide ein. Sie fuhren auseinander, als sie ihn hereinkommen hörten.

»Andret hat also die Wahrheit gesprochen«, sagte der König.

»Welche Wahrheit meint Ihr?«, fragte Iseult und ordnete ihr Haar.

»Er verriet mir, dass Tristan und Ihr euch liebt, doch ich wollte ihm nicht glauben. Ich sagte ihm, dass ich es nicht glauben wolle, bevor ich es nicht mit eigenen Augen sähe. Ich habe euch beiden vertraut.«

»Vertraut uns auch weiterhin«, sagte Iseult. »Ich liebe Tristan, warum sollte ich ihn auch nicht lieben? Er ist Euer Anverwandter und der meine. Ich pflegte ihn, als er auf den Tod darnieder lag, und er ist mir wie ein Bruder geworden. Und so, wie ich ihn liebe, liebt auch er mich.«

»Ich wollte, ich könnte Euch glauben«, sagte der König. »Ich würde meinen ganzen Besitz hingeben, wenn ich Euch glauben könnte.« Und zu Tristan sprach er: »Sie wird für mich sein, was sie bisher war, als sei nichts geschehen. Du aber musst meinen Hof verlassen.« Und seine Worte klangen freundlich, doch seine Hand lag am Schwertgriff.

Und Tristan verließ den Hof mit Gorvenal zusammen und fand Unterkunft in dem Haus eines alten Waffenschmieds in der Stadt nahe der Burg im Landesinneren.

»Es wäre besser, wir gingen fort von hier«, sagte Gorvenal. »Lass uns gehen und anderswo nach Abenteuern suchen.«

»Und noch mehr Drachen töten?«, sagte Tristan und er lachte, den Kopf in die Hände gestützt. »Lieber, kluger Gorvenal, es wäre das Beste, wir gingen ans äußerste Ende der Welt. Doch ich kann die Königin nicht verlassen; es wäre, als risse ich mir das Herz aus der Brust.«

Nun nahte der Hochsommer und in dieser Jahreszeit verließen der König und sein Hofstaat, wenn Frieden im Land herrschte, die finstere Burg auf der Landzunge und begaben sich in die holzgezimmerten Hallen und Lauben in den Gärten und unter den winterharten Apfelbäumen auf der dem Land zugewandten Seite der Burg. Die Königin hatte eigene Gemächer am Ufer eines Flüsschens, das aus den Wäldern kam und in die Bucht unter der Burg hinabplätscherte, und so war es dort selbst an den heißesten Augusttagen kühl.

Und die Königin schickte des Nachts Brangian mit einer Botschaft zu Tristans Unterkunft und bat ihn Gelegenheit für eine Begegnung mit ihr zu schaffen, da sie sonst vor Sehnsucht nach ihm sterben müsse. Und Tristan ließ ihr die Antwort zukommen: »Haltet in der Dämmerung Wache an dem Fluss, der an Eurer Laube vorbeifließt, und wenn Ihr einen Zweig seht, haltet weiter Wacht; und wenn nach dem Zweig ein Stück Rinde geschwommen kommt, in das ein fünfzackiger Stern eingeritzt ist, erwarte ich Euch unter dem wilden Birnbaum am Fluss, dort, wo er den Wald verlässt, und Ihr könnt Euch ohne Gefahr zu mir begeben.«

So wachten Iseult und Brangian nun jeden Abend in der Dämmerung am Fluss, bis sie eines Abends einen Zweig und dann ein Stück Rinde mit einem fünfstrahligen Stern im Wasser sahen. Da stahl sich die Königin in der Dämmerung davon und fand Tristan unter dem wilden Birnbaum. Und nachdem dies das erste Mal geschehen war, geschah es noch viele Male.

Indessen fragten sich Andret und die Lords, die auf seiner Seite waren, ob Tristan und die Königin sich wirklich getrennt hätten oder ob sie Wege gefunden hatten sich im Geheimen zu treffen. Und Andret ging zu einem Zwerg, der am Hof lebte; einem Mann, der ihm Dank schuldete, einem, der über altes Wissen verfügte und die Antwort auf alle Fragen aus den Sternen lesen konnte; den bat er zu erforschen, ob die Königin und Tristan noch die Ehe brachen oder nicht. Der Zwerg schaute eine ganze Nacht lang in die Sterne und sagte dann: »Die Königin und

Herr Tristan treffen sich noch im Geheimen, und wenn der König mit mir kommt, wird er sie selbst sehen.«

Und Andret brachte den Zwerg zum König. »Gebt vor, Ihr rittet aus zur Jagd, kehrt aber sogleich zurück. Sie werden glauben, Ihr wärt gewiss weit fort und werden sich noch in der gleichen Nacht unter dem wilden Birnbaum einfinden, dort, wo der Fluss den Wald verlässt.«

»Ist das wahr?«, fragte der König.

»Kommt mit mir und seht selbst«, sagte der Zwerg, »und wenn ich lüge, dürft Ihr mir gern den Kopf abschneiden.«

»Wenn du lügst, werde ich dich nicht fragen, ob ich das darf«, sagte der König.

So ließ der König seine Pferde und Hunde holen und sagte, er werde sieben Tage fortbleiben. Doch noch bevor sie einen halben Tagesritt von Tintagel entfernt waren, fand er einen Vorwand, dass die Jagdgesellschaft ohne ihn weiterziehen sollte, und kehrte zurück zu dem Platz, an dem der Zwerg wartete. Gemeinsam gingen sie zu dem wilden Birnbaum am Waldessaum und der König half dem Zwerg hinauf und stieg dann selbst auf den Baum.

Die Dämmerung kam und der Mond stieg über den Hügeln auf und schien silbrig durch die Wolken. Und mit dem Mond erschien Tristan am Ufer. Er brach einen Zweig von dem Birnbaum ab und warf ihn in den Fluss; dann riss er ein Stück Rinde von einem der Birkenstämme in der Nähe und ließ sich am Ufer nieder um mit seinem Dolch den fünfstrahligen Stern hineinzuritzen, der Iseult herbeirufen würde; und er ließ es vom Wasser davontragen. Und während das geschah, beobachteten ihn der König und der Zwerg durch das Laubwerk von oben.

Der Fluss aber wurde bei dem Baum, unter dem Tristan saß, breiter und das Wasser stand ruhig in dem kleinen Becken am Ufer; und als der Mond höher stieg, wurde das Wasser zu einem zitternden Spiegel; darin sah Tristan, als er sich nach vorn beugte, das Spiegelbild seines eigenen Kopfes und seiner Schultern und er sah die dunklen Zweige des Birnbaums über sich und er gewahrte deutlich im Mondlicht den Umriss zweier Gestalten in der Krone des Baumes!

Da wusste er, dass Andret und vielleicht sogar der König selbst ihn beobachteten und auf Iseult warteten; der Zweig und der Stern waren schon lange auf dem Weg und Iseult würde nicht säumen zu kommen. Er konnte sie nicht warnen und wenn er fortging und sie kam und fand den Platz leer, verriet sie sich vielleicht den beiden Männern im Baum. Auch wenn er ihr entgegenging um sie vom Kommen abzuhalten, hatten diese doch gesehen, dass er das Zeichen sandte, und sie würden erraten, was es bedeutete. So konnte er nichts tun als auf ihr Kommen zu warten und sie unter dem Blick der Späher zu warnen versuchen. Und wenn ihm das nicht gelang, so bedeutete es den Tod für sie und ihn, das wusste er; für sich selbst aber fürchtete er nicht mehr allzu sehr; doch für sie ...

Er gab nicht zu erkennen, was er gesehen hatte, sondern saß still da und wartete. Und wie er so wartete, hörte er ein oder zwei Mal ein leises Rascheln in den Zweigen über sich, das nicht vom Wind herrührte.

Iseult empfing seine Botschaft und wie immer stahl sie sich mit Brangians Hilfe davon und eilte froh ihrem Liebsten entgegen. Doch als sie sich dem Baum näherte und Tristan am Ufer sitzen sah, regte er sich nicht, und das erstaunte sie, denn die anderen Male war er aufgesprungen, als er sie kommen sah, und ihr entgegengeeilt um sie in die Arme zu schließen. Und so verlangsamte sie ihren Schritt. Als sie aber noch näher gekommen war, wies er mit einer kleinen warnenden Bewegung auf den Baum hinter sich. Sie sah hinauf, gewahrte die Schatten der beiden Späher zwischen den Ästen und verstand.

Da sprach sie kühl mit klarer Stimme: »Tristan, mein Herr, warum habt Ihr nach mir schicken lassen?«

»Ich muss Euch allein sprechen«, sagte Tristan, »denn ich bedarf Eurer Hilfe sehr.«

»Meiner Hilfe? Wie könnte ich Euch denn helfen?«

»Ihr könntet den ungerechten Zorn des Königs gegen mich zu mildern versuchen, damit ich an den Hof zurückkehren kann, denn es ist arg, dass er mich fortgeschickt hat wie einen ungehorsamen Hund; und die Männer reden alle übel über mich.«

»Sie reden übel über uns beide«, sagte Iseult, »und es ist Eure Schuld, denn Ihr hättet bedenken müssen, dass wir nun einmal nicht Bruder und Schwester sind und deshalb nicht so arglos beisammen sein können wie Geschwister, ohne bösen Verdacht in den Menschen zu wecken.«

»Ich hätte es bedenken müssen und Ihr nicht?«, fragte Tristan.

»Ja, auch ich, doch Ihr seid ein Mann und klüger als ich, deshalb trifft der Tadel vor allem Euch.«

»Ich nehme ihn gern auf mich, wenn Ihr mir helft, Iseult; wollt Ihr Eurem Bruder nicht helfen?«

»Nicht wenn er schuld ist, dass mein Herr mir zürnt«, sagte Iseult. Und bei jedem Wort spürte sie bis in die Fingerspitzen die Gegenwart der beiden Lauscher über ihnen im Birnbaum und der schluchzende Laut, der sich ihr entrang, kam fast wie von selbst. »Ich hatte großen Kummer durch Eure Verfehlung, denn ich kann nicht glücklich sein, wenn mein Herr mich mit kalten und zweifelnden Blicken ansieht. Wenn Ihr mich also je geliebt habt wie ein Bruder, so geht und lasst mich versuchen die Liebe meines Herrn zurückzugewinnen, wenn ich es vermag.«

Und Tristan senkte den Kopf, als gebe er sich
geschlagen. »Wenn Ihr mir nicht helfen wollt,
dann tut es eben nicht, und ich werde Euch nie
wieder um etwas bitten. Geht nun nach Hause
und habt eine gute Nacht, Iseult.«

Und Iseult wandte sich ab und ging am Ufer
des Flusses davon; Tristan aber stand da und sah
ihr nach und hörte wieder das leise Rascheln im

Baum über sich, das nicht vom Wind herrührte. Und er wandte sich um und ging mit gesenktem Haupt davon. In seinem Leib war Übelkeit und auf seiner Zunge ein fauler Geschmack und er hasste Iseult in diesem Augenblick, wie er sich selbst hasste.

Da zog in der Krone des Birnbaums der König seinen Dolch und fuhr zu dem Zwerg herum. Der Zwerg aber sah das silberne Blitzen der Klinge im Mondlicht, ließ sich von seinem Ast fallen und rannte, Haken schlagend wie ein Hase, in den Wald davon, bevor der König ihn fangen konnte.

Und der Fluss strömte ruhig im Mondlicht dahin.

Am nächsten Morgen suchte der König die Königin in ihrem Gartenhaus auf und berichtete ihr, wie er sich im Baum verborgen und alles gehört hatte, was in der vergangenen Nacht zwischen Tristan und ihr gesprochen wurde, und er bat sie ihm zu vergeben und zwischen ihm und Tristan Frieden zu stiften.

Iseult aber wusste, dass sie bedachtsam sein musste. »Ich bin wahrhaftig von Dank erfüllt, dass der Schatten gewichen ist, der zwischen uns lag«, sagte sie. »Doch es war um Tristans willen, dass ich Euren Zorn auf mich zog. Wenn Ihr ihn aber an den Hof zurückholt, kann ich dann sicher sein, dass es nicht wieder geschieht?«

»Liebste«, sagte der König, »ich habe Euch

um Vergebung gebeten dafür, dass ich an Euch zweifelte. Seid großzügig ihm wie mir gegenüber, so werde ich nie mehr an Euch oder an ihm zweifeln.«

So kehrte Tristan an den Hof zurück. Und eine Zeit lang war alles zwischen ihm und König Marc und Iseult, der Königin, wie es in den ersten Tagen gewesen war.

Der Mantel
des Aussätzigen

Und wieder wurde es nach dem Sommer Herbst und der Winter verging und an den Küsten blühte der Ginster. Und die Liebe zwischen Tristan und Iseult ließ nicht ab von ihnen und drängte und zog, wie der Mond Gewalt hat über die Gezeiten, bis die beiden sich schließlich, ob sie wollten oder nicht, wieder zusammenfinden mussten.

Und Andret beobachtete sie immerzu.

Eines Abends gegen Ende des Sommers ging die Königin schon früh in ihr Gartengemach; es lag ein Gewitter in der Luft und sie sagte, ihr Kopf schmerze und sie wolle allein sein. Und Andret sah, dass kurz darauf Tristans Platz in der Halle des Königs leer war. Da erhob auch er sich, stahl sich hinaus und folgte dem Kämpen von Cornwall. Er wusste, es würde nichts nützen, wenn er selbst zum König ging, denn Marc würde ihm kein Wort glauben; doch es gab andere am Hof, die für eine Goldmünze eine Botschaft überbringen würden; und so kam eine Weile darauf ein Diener zum König mit der Nachricht, dass die Königin ihn bitte, sogleich zu ihr in das Gartengemach zu kommen.

Und als er zu dem Gartenhaus kam und Brangian beiseite schob, die ihn aufzuhalten versuchte, fand er dort Tristan und die Königin in
seinen Armen.

Da erfüllte furchtbarer Zorn den König und
der Zorn war um so furchtbarer, als er zugleich
von Liebe zur Königin und zu seinem Anverwandten erfüllt war; und er wartete keine Ent-
schuldigungen mehr ab, sondern rief die Wache.
Sie drang ein und Tristan ergriff sein Schwert. Er
focht wie ein wilder Eber, den man in die Enge

getrieben hat, doch er war allein gegen viele Klingen und er konnte nicht ausweichen und wurde gefangen und weggeschleppt. Die ganze Zeit aber kauerte Iseult neben der Feuerstelle, reglos, als wäre sie zu Stein erstarrt. Der König sah kein einziges Mal zu ihr hin. Doch als alles vorüber war und sie hinausflüchten wollte, war der Ausgang mit gekreuzten Speeren versperrt.

Am nächsten Tag wurden Tristan und Iseult vor den Rat der Häuptlinge und Geistlichen und Gesetzgeber von Cornwall gebracht, damit ihr Betrug am König verhandelt werde. Sie verteidigten sich nicht gegen die Anklagen, denn sie wollten ihre Liebe nicht mehr voreinander klein und wertlos machen, indem sie sie leugneten. Und sie wurden für schuldig befunden und zum Tod verurteilt: Iseult sollte den Feuertod erleiden, der nach den Gesetzen des Landes die gerechte Strafe war für eine Königin, die ihren Herrn betrogen hatte; und Tristan sollte aufs Rad geflochten werden.

In der Zeit vor dem Tag, der für die Verhängung der Todesurteile angesetzt war, wagte es nur einer der Edlen des Königs das Wort an Marc zu richten. Um Gnade für die beiden zu bitten, hatte erst recht keiner gewagt. Dieser eine aber war Dynas, der Seneschall. »Es ist grausam, was Ihr beschlossen habt«, sagte Dynas und er wusste, dass er sein Leben aufs Spiel setzte durch seine Worte. »Und grausam seid Ihr Euch selbst gegenüber ebenso wie gegen die Königin und Tristan; denn wenn Ihr sie tötet, das weiß ich nur zu gut, tötet Ihr die beiden, die Euch auf Erden das Liebste sind.«

»Ihr wart nie einer, der Gefahren scheute«, sagte der König, »aber Ihr wart nie in größerer Gefahr als in diesem Augenblick.« Und er sagte es mit zusammengebissenen Zähnen wie einer, der spricht, obwohl ihn ein Speer verwundet hat.

»Das glaube ich nicht«, sagte Dynas. »Denn Ihr seid ein gerechter Mann und mich zu töten, weil ich die Wahrheit gesprochen habe, wäre ungerecht – noch ungerechter, als es ist diese beiden zu töten. Mein Herr und König, kein Mann hat die Wahl und keine Frau, wenn die Liebe zu einem Menschen sie ergreift; und der Tod ist ein zu hoher Preis und bringt Euch die verlorene Liebe nicht zurück. Verbannt Tristan aus Cornwall – ich verbürge mich selbst dafür, dass er nicht zurückkehrt – und lasst die Königin wieder an Eurer Seite leben; seid gütig gegen sie, dann wird sie Euch vielleicht wieder ganz gehören.«

»Nein«, sagte der König, »ich will all dem ein Ende machen.«

Am Morgen des vereinbarten Tages war alles vorbereitet. Von weither hatte man die Menschen zusammengerufen als Zeugen des Sterbens von Tristan und der Königin. Und die Frauen trauerten sehr und klagten laut, denn das einfache Volk von Cornwall liebte Tristan, der ihr Kämpe war und ihre Hoffnung. Iseult aber war den Menschen im Königreich ihres Gemahls ebenso lieb wie sie es den Menschen im Reich ihres Vaters gewesen war.

Tristan sollte am Morgen sterben und Iseult nach Mittag; und so wurde er als Erster von den Männern der königlichen Leibwache hinausgeführt. Der Ort der Hinrichtung war ein Stück von der Burg entfernt und auf dem Weg dorthin kamen sie an einer kleinen Kapelle vorbei, die am Rand der Klippen über dem Meer stand. Als sie in die Nähe der Kapelle kamen, sagte Tristan zu dem Anführer der Wache: »Die Sonne ist noch kaum über die Berge gestiegen und es bleibt uns noch Zeit für diesen Weg. Ihr habt mich heute Morgen so früh hinausgetrieben, dass mir keine Ruhe blieb meinen Frieden mit Gott zu machen, was doch unbedingt geschehen muss. Erlaubt mir deshalb, dort hinaufzugehen und zu beten.«

Der Anführer der Wache besann sich einen Augenblick und zuckte dann die Achseln. »Es steht nichts dagegen, soweit ich sehe. Doch ich und noch einer von uns werden Euch begleiten.«

»Was ich zu sagen habe, ist für Gottes Ohren bestimmt, nicht für die Euren«, sagte Tristan. Und als der Mann zögerte, fügte er hinzu. »Habt Ihr Angst, ich könnte Euch entwischen? Ich kenne die Kapelle so gut wie Ihr. Sie hat nur eine schmale Eingangstür und ein kleines hohes Fenster, das auf einen steilen Abhang zum Meer hinab geht. Die schwarzen Felsen dort unten werden mir die Knochen ebenso schnell brechen wie das Rad.«

Die Männer aber wussten, dass es wahr war, was er sagte über die Tür und das Fenster, und so ließen sie ihn allein in die kleine Kapelle gehen und die Tür hinter sich schließen. »Man muss Mitleid haben und es ihm erlauben – er stirbt ja doch bald«, sprachen sie untereinander.

Doch sobald er die Tür hinter sich geschlossen hatte, schob Tristan den Riegel leise vor, damit man es von draußen nicht hörte. Dann ging er zu dem Fenster hinüber, das nur ein kleines blaues Rechteck hoch über dem Altar war. Er hielt sich am Fensterbrett fest und zog sich hinauf. Er steckte Kopf und Schultern durch das Fenster und dann ein Knie. Unter ihm, tief, tief unten schäumte das Meer, blau wie das Gefieder eines Eisvogels, über spitze schwarze Felsen; eine Möwe glitt an der Mauer der Kapelle vorbei und streifte mit ihren Flügeln beinahe sein Gesicht. Er schob sich weiter hinaus, fasste mit der Hand nach einem Stein über dem Fenster und zog das andere Bein auf das Gesims. Die Möwen woben ein Muster aus weißen Bögen auf den Klippen unter ihm. Für jeden anderen wäre ein Sprung dort hinab der Tod gewesen. Doch Tristan hatte viel gelernt bei den Lehrmeistern seiner Kindheit in Lothian und hatte den Heldensprung nicht vergessen. Er atmete tief ein, bis er sich so leicht fühlte wie die kreisenden Meeresvögel, spannte sich an und sprang hinaus in die Tiefe.

Wie ein flitzender Wurfspieß glitt er ins Meer und die Wellen schlossen sich über seinem Kopf; aber er tauchte wieder ans Licht empor und die nächste Woge erfasste ihn und warf ihn zum Ufer hin. Er klammerte sich an einen Felsen und zog sich, getragen von Welle zu Welle, an Land. Unter die Klippen geduckt bahnte er sich den Weg bis zu einer Stelle, wo er wieder hinaufklettern konnte, ohne von den Kriegern des Königs gesehen zu werden, die vor der Kapellentür wachten. Dann eilte er zurück nach Tintagel.

Er war noch nicht weit gekommen, als er, auf seinem Pfad um einen kleinen, mit windzerzaustem Weißdorn bewachsenen Hügel biegend, plötzlich Gorvenal gegenüberstand.

Sie taten keinen Begrüßungsruf; doch Gorvenal stand erstarrt und sein Gesicht wurde leichenblass. Tristan, der seinen Blick sah, sagte: »Nein, nein. Ich bin es und nicht mein durchnässter Geist. Ich sollte aufs Rad geflochten, nicht ertränkt werden – erinnerst du dich?«

Bei diesen Worten legte Gorvenal die Arme um ihn und drückte ihn fest an sich und dann sah er ihm ins Gesicht. »Sag mir rasch: Verfolgen sie dich?«

»Noch nicht«, sagte Tristan. »Ich werde dir später alles erzählen. Jetzt ist keine Zeit dazu.«

»Fürwahr nicht«, sagte Gorvenal. »Je eher wir uns von hier fortmachen, desto besser. Sieh, hier ist dein Schwert und deine Harfe. Ich wollte keine Nacht mehr in Tintagel bleiben und dort lassen wollte ich keines von beiden.« Und er zog aus seinem Umhang die Harfe in ihrer bestickten Hülle hervor, die er über seiner Schulter hängen hatte, und Tristans geliebtes Schwert mit der gekerbten Klinge.

Tristan nahm das Schwert und gürtete sich damit. »Konnte ich einmal im Leben nicht auf Gorvenal zählen, wenn ich seiner bedurfte? Und ich werde noch seiner Hilfe bedürfen. Bewahr meine Harfe für mich auf, bis ich auch ihrer vielleicht wieder bedarf.«

Und er legte seine Hand einen Augenblick lang auf Gorvenals Schulter und setzte dann seinen Weg fort.

Gorvenal fuhr herum und folgte ihm. »Bist du von Sinnen? Das ist der Weg zurück nach Tintagel.«

»Das weiß ich wohl. Soll ich fliehen und Iseult dem Flammentod überlassen? Ich muss sie heute retten oder mit ihr sterben; es bleibt mir keine andere Wahl. Doch wenn ich mich in Gefahr begebe, so darfst du es nicht auch tun. Geh deines Weges, Bruder, und nimm meinen Dank dafür, dass du mir mein Schwert gebracht hast.«

»Auch ich habe ein Schwert und zwei Klingen sind besser als eine«, sagte Gorvenal. »Und wenn du wieder nach Tintagel gehst, so gehe auch ich.«

Und sie setzten den Weg gemeinsam fort.

Schon bald, als sie den Waldessaum erreichten und zu der Festung auf der Landzunge hin sahen, erblickten sie auch den Platz zwischen dem Wald und dem Meer, der zur Hinrichtung der Königin vorbereitet war, und sahen den Holzstoß, den man in seiner Mitte errichtet hatte, und rings um den Platz die Menschenmenge, die sich versammelt hatte um die Königin sterben zu sehen.

»Und was soll nun geschehen?«, fragte Gorvenal und kauerte sich hinter einen Weißdornbusch.

»Sie haben sie noch nicht zu dem Platz gebracht. Wenn sie sie bringen, hilft uns Gott vielleicht, dass wir wissen, was zu tun ist. Inzwischen können wir nur warten.«

So warteten sie. Und als sich die Tore der fernen Burg öffneten und der König selbst, umringt von seiner Leibwache, an den gezimmerten Hallen und den Apfelbäumen vorbei zum Richtplatz schritt, kam eine andere Schar Männer den Weg vom Wald herab, den Tristan und Gorvenal gegangen waren. Eine kleine Schar, eine schauerliche Schar, bekleidet mit den langen Kapuzenmänteln und den hölzernen Klappern, an denen man die Aussätzigen erkannte, die schon als Tote galten.

Gorvenal wich aus, wie es alle taten, wenn sich solch ein Grüppchen näherte, und auch Tristan wollte gerade dasselbe tun; da hielt er inne und trat ihnen dann in den Weg.

»Wohin des Wegs, Freunde?«

Die Aussätzigen stutzten, denn sie waren es nicht gewohnt, dass ein Gesunder mit ihnen sprach. Dann antwortete einer von ihnen, der ihr Anführer zu sein schien, mit rauer, brüchiger Stimme: »Nach Tintagel, wohin heute ganz Cornwall schweren Herzens geht um zu sehen, wie sie die Königin verbrennen.«

»Würdet ihr die Königin retten, wenn ihr könntet?«, fragte Tristan.

»Wenn es sich für uns lohnt.«

»Leiht mir Euren Umhang und Eure Klapper und es wird heute kein Scheiterhaufen in Tintagel brennen«, sagte Tristan. Und zu Gorvenal gewandt: »Hast du Münzen bei dir? Ich brauche ein Goldstück für diesen Mann und seine Gefährten.«

»Du bist von Sinnen!«, sagte Gorvenal.

»Vielleicht, du sagst es heute schon das zweite Mal. Aber ich brauche das Goldstück.«

Und unter den Blicken der anderen nahm er die Münze, die sein Freund aus der Brusttasche seines Kleides hervorholte, und ließ sie in die verbundene Hand fallen, die ihm der Aussätzige hinhielt.

»Es ist lange her, dass einer meinen Mantel freiwillig tragen wollte«, sagte der Mann. Er zog seine stinkenden Lumpen aus und Tristan nahm den Mantel. Er hatte nicht einmal Zeit zu schaudern, er hüllte sich hinein und zog die Kapuze über sein Gesicht.

»Hier ist mein Umhang; er ist nass vom Meer, aber er wird Eure Wunden bedecken. Versteckt Euch hier und wartet, während ich mit Euren Gefährten weitergehe.«

»Ich komme mit«, sagte Gorvenal.

Aber Tristan schüttelte den Kopf. »Wenn alles gut geht, reicht einer von uns; wenn es schlecht ausgeht, brauche ich dich in Freiheit um die Königin von hier fortzubringen.«

Und Tristan ging mit den Aussätzigen und ließ die hölzerne Klapper ertönen und hörte ihren schrecklichen Ruf rings um sich: »Unrein! Unrein!«

Als sie die Richtstätte erreichten, hatte man die Königin, die nur mit einem weißen Hemd bekleidet war und deren wunderbares rotes Haar offen um ihre Schultern fiel, schon an den Brandpfahl gebunden. Ringsum warteten Männer mit lodernden Fackeln und der König stand mit erstarrtem Gesicht bei ihnen.

»Kommt«, sagte Tristan zu der grauen Schar hinter ihm und sie gingen auf den König zu. Niemand wehrte ihnen und so hatten sie freien Weg, denn die Menschen fielen zu beiden Seiten zu Boden wie Gerste, wenn die Sense sich ihre Bahn schneidet. Und Tristan kniete vor dem König nieder und verbarg seine Hände, die keine Wunden trugen, in den Ärmeln seines Mantels und sein unversehrtes Gesicht im Dunkel seiner Kapuze.

»O Herr König, eine milde Gabe!«, rief

er und ließ seine Stimme rau und brüchig klingen.

»Eine milde Gabe! Eine milde Gabe!«, riefen die Aussätzigen hinter ihm.

Der König blickte sie mit versteinerten Augen aus einem versteinerten Gesicht an. »Ihr wählt einen äußerst seltsamen Augenblick für eure Bitte!«

»So seltsam ist er nicht«, sagte Tristan. »Denn die Gabe, um die wir bitten, ist: Gebt uns die Königin, damit sie mit uns gehe.«

Ein Laut des Entsetzens ging durch die Menge, aber König Marc stand reglos. »Euch die Königin geben?«, fragte er und seine Stimme war so versteinert wie alles an ihm.

»Wenn sie eines schmachvollen Todes sterben soll, so können wir ihr einen schmachvolleren bereiten als den durch das Feuer. Er dauert länger, aber er ist vielleicht noch schlimmer.«

Und die Aussätzigen hinter ihm schrien: »Gebt sie uns! Gebt sie uns!«

Da brach aus dem versteinerten Gesicht des Königs mit einem Mal ein qualvoller Zorn und er rief den Henkersknechten zu: »Zerschneidet die Fesseln der Königin und gebt sie diesen Kreaturen!«

Da schrie Iseult und schrie und klammerte sich an den Pfahl, als sei er ihre einzige Hoffnung; und als Tristan auf den Scheiterhaufen sprang um sie zu packen, wehrte sie sich wie ein wildes Tier. Durch die Menge aber lief ein gel-

lender Schrei der Empörung; der erstarb unter dem Blick des Königs und seiner Edlen und der Wache ringsum. Da gewahrte Iseult, die den Aussätzigen mit beiden Händen von sich stieß, auf seiner Brust ein Aufblitzen roter Seide und sie spürte unter dem stinkenden Mantel seine glatte und reine Haut und hörte ein Flüstern an ihrem Ohr: »Iseult! Ich bin es! Verrat mich nicht!«

Sie hörte nicht auf zu schreien, doch viele, die dastanden, sahen, dass sie sich, wie von Hoffnungslosigkeit überwältigt, nicht mehr wehrte, von dem Scheiterhaufen herabzerren ließ in die Mitte der kleinen Schar von Aussätzigen und mit ihnen den Weg zum Wald hinauf. Und wieder teilte sich die Menge um ihnen den Weg freizugeben.

Das Schwert
und der Handschuh

Indessen waren die Soldaten, die vor der Kapelle auf der Klippe warteten, längst ungeduldig geworden. »Er braucht allzu lang für seine Gebete«, sagten sie. Und als sie auf ihr Rufen keine Antwort erhielten, erbrachen sie schließlich die Tür und entdeckten, dass die Kapelle leer war.

Der Hauptmann zog sich am Fenstersims hinauf und sah in der Erwartung hinab, Tristans zerschmetterten Leib unten auf den Felsen zu erblicken. Doch da waren nur die Wellen und die kreisenden Meeresvögel.

Als man dem König die Nachricht von Tristans Flucht brachte, war sein Zorn schrecklich, und er sandte seine Soldaten aus ihn zu suchen und ihn tot oder lebendig zurückzubringen. Doch von Tristan war keine Spur zu finden. Sie holten die Aussätzigen ein; die Königin aber war nicht mehr in ihrer Mitte und sie erzählten, dass ein Furcht erregender Krieger sie überfallen hätte, als sie an einem Gesträuch vorbeikamen, und ihnen die Königin geraubt hätte. Und unter einem Weißdornbaum fanden Tristans Verfolger

den nassen Umhang gerade dort, wo er ihn hin-
geworfen hatte. Doch der Umhang verriet ihnen
nichts.

Von Tristan und Iseult aber fanden sie kein
Lebenszeichen. Die beiden waren mit Gorvenal
in der Wildnis verschwunden und hatten sich
aufgelöst wie ein Morgennebel, wenn die Sonne
hinter den Bergen hervorkommt.

Nur ein lebendes Wesen aus Tintagel wusste,
wohin sie gegangen waren, und das war Bran,
Tristans Lieblingshund, der ihrer Spur folgte
und sie am nächsten Tag eingeholt hatte. Und
es war gut, dass er sie fand, denn in der Zeit,
die nun kam, hatten sie einen Jagdhund bitter
nötig.

Sie zogen weiter und weiter nach Osten, im-
mer weiter fort von Tintagel, sie gingen den
ganzen Tag und schliefen des Nachts ein paar
Stunden in irgendeinem Dickicht. Als Iseult vor
Schwäche und Müdigkeit nicht mehr weiterge-
hen konnte, trugen Tristan und Gorvenal sie.
Und so gelangten sie in ein kleines verlassenes
Tal, durch das sich ein Fluss schlängelte, der von

den schwarzen Hochmooren herabkam, in denen die Steinkreise vergessener Völker in den Himmel ragten. Weißdorn, Erlen und Nussbäume warfen ihren Schatten auf den Fluss und die kleinen, dunklen, stämmigen Eichen des alten Waldes reckten sich ihm entgegen wie mit offenen Armen. Und zwischen dem Moor und dem Wald füllte der Fluss ein kleines Becken, aus dem das Wild sich labte bei Tagesanbruch und bei Sonnenuntergang.

»Hier sind wir gewiss in Sicherheit«, sagte Tristan. »Wir sind drei ganze Tage von Tintagel entfernt und es ist viele Jahre her, seit der König in diesen Hügeln jagte.«

»Es sind gute Jagdgründe«, sagte Gorvenal. »Und wir werden zu Jägern werden müssen, wenn wir überleben wollen ...«

Und Iseult sprach mit einer Stimme, so sanft wie die der Waldtauben in den Bäumen: »Dies ist ein Ort wie unser Tal in Wales. Wir werden hier glücklich sein – für eine Weile.«

Tristan und Gorvenal errichteten eine Hütte am Ufer des Flusses und dort begannen die drei ihr neues Leben. Iseult hatte nichts als ihr weißes Hemd und so gaben die Männer ihre Überkleider her und gingen nur in ihren Hemden, bis sie sich mit den Häuten des Wildes bekleiden konnten, das sie erlegten um es zu verzehren. Sie fertigten sich Bogen aus Eibenholz an, das sie im Wald fanden, und flochten die Sehnen aus den roten Haaren, die Iseult sich für sie ausriss. Und wenn sie hungrig waren, nahmen sie Bran mit und gingen auf die Jagd oder stellten Fallen auf für das Kleinwild oder angelten rotgefleckte Forellen aus dem Fluss. Und Iseult, die die Kräuter so gut kannte, sammelte im Hochmoor, an den Ufern des Flusses und im Wald all die Pflanzen, die essbare Blätter, Wurzeln oder Beeren hatten. Und so schlugen sie sich durch und lebten nicht zu schlecht. Vor allem aber waren sie glücklich. Iseult vermisste ihr Dasein als Königin nicht; und Tristan hatte seinen Freund und seinen Hund, seine Harfe um Musik erklingen zu lassen und Iseult an seiner Seite, und er sehnte sich nach nichts mehr auf der Welt. Und wenn Gorvenal irgendetwas vermisste, so wusste nur er selbst davon.

Es war früher Sommer, als sie in das verborgene Tal kamen. Und dreimal trugen die Weißdornbüsche ihre rostroten Beeren und die reifen Haselnüsse fielen in den Fluss. Und dreimal kam der Winter, wo sie sich in der raucherfüllten Hütte um das Feuer kauerten und es mit Scheiten nährten, die sie draußen aufbewahrten, während Tristan seine Harfe erklingen ließ und ihnen die unvergesslichen Gesänge und Balladen aus Lothian und Cornwall und auch aus Irland vorsang. Dreimal leuchteten die Haselkätzchen gelb wie blasses Sonnenlicht vor den dunklen Mooren und dreimal war der Weißdorn flockig von Blüten und die Blüten fielen zur Erde und der Fingerhut stand hoch am Waldsaum und der Kuckuck rief vom Morgen bis zum Abend.

Da saßen zu Beginn des dritten Herbstes Tristan und Iseult eines Abends vor ihrer Hütte und sahen dem Fließen des Stromes zu, während die Dämmerung aus den Bäumen gekrochen kam. Sie waren allein, denn Gorvenal hatte Bran wie so manches Mal mit sich genommen um allein auf die Jagd zu gehen. Und Iseult schmiegte sich an Tristan, als hätte sie plötzlich Angst, und sagte: »Spürst du etwas?«

»Einen Windhauch«, sagte Tristan.

»Nein, das meine ich nicht.«

»Eine Motte, die meine Wange gestreift hat.«

»Nein, das meine ich nicht.«

»Was ist es denn, Iseult?«

»Ein Schatten. Ein Schatten ist auf uns gefallen.«

»Herzallerliebste, es ist nur die Dämmerung.«

»Nein, es ist nicht die Dämmerung«, sagte Iseult.

»Dann ist es die Jahreszeit, sind es die fallenden Blätter.«

»Nein, das ist es nicht, denn ich habe den Winter immer geliebt und die Hütte, die uns barg wie Flügel, die sich gegen die Kälte um uns schließen.«

Und sie erhob sich und trat in die Hütte und als er ihr nach einer Weile folgte, kämmte sie ihr Haar beim Schein eines Öllichts, wie sie es beim Schein einer feinen Wachskerze gekämmt hatte, als er zu ihr in die Laube hoch über dem Meer gekommen war um ihr zu sagen, dass sie im Morgengrauen nach Cornwall segeln würden.

Am selben Tage aber ließ der König im fernen Tintagel seine Hunde holen um auf die Jagd zu reiten. In den drei vergangenen Jahren hatte er auf der Jagd alle Hügel Cornwalls durchmessen, er und seine Hofgesellschaft, wie die wilden Reiter von Gwyn ap Nudd; denn er fand keine Freude mehr bei Festmählern und Harfengesang. Und wenn er seine königlichen Pflichten erfüllt hatte, dann vergnügte ihn nichts mehr als die Jagd nach dem Rotwild, nach wilden Ebern oder dem gefährlichen rotäugigen wilden Wolf. Und so ließ er auch am folgenden Tage seine Pferde und seine Hunde vorführen. Diesmal aber sagte er zu seinem Jagdmeister: »Ich bin der alten Wildbahnen müde. Gibt es in Cornwall keine Gegend, in der wir noch nicht auf die Jagd gegangen sind?«

»Es gibt die Moore im Osten jenseits des Tamar-Flusses«, sagte der Jagdmeister. »Es ist viele Jahre her, seit Ihr so fern von hier jagtet.«

Und so ritten König Marc und seine Begleiter tags darauf hinaus zu den Hochmooren. Und nach drei Tagen schlugen sie ihr Feldlager auf. Den ganzen folgenden Tag gingen sie auf die Jagd; die Jagd war gut und sie machten dreimal Beute.

Doch als am Abend bei der Atzung die Meute

gezählt wurde, fehlte ein Tier. Es war ein guter Jagdhund, einer von den Lieblingshunden des Königs, und der Jagdmeister rief sogleich ein paar seiner Männer herbei um ihm nachzuspüren.

Tristan und Iseult hatten von der Jagd an diesem Tage nichts vernommen; doch in der Dämmerung, als sie wieder vor dem Eingang ihrer Hütte saßen, fragte Iseult mit einem Mal: »Was ist das für ein Geräusch?«

Und Tristan lauschte und sagte: »Es klingt, als belle ein Hund, der sich verlaufen hat, doch es ist wohl ein Wolf«

Und sie horchten gemeinsam eine ganze Weile, aber es war nichts mehr zu hören. Da gingen sie in die Hütte und legten sich auf dem Schlafplatz nieder und ließen das Feuer am Eingang brennen, wie sie es zuvor schon oft getan hatten, wenn Wölfe in der Nähe waren. Und Tristan zog sein Schwert aus der Scheide und legte die blanke Klinge neben sich.

Die ganze Nacht suchte der Jagdmeister des Königs nach dem verschwundenen Hund, bis er schließlich in der Stunde vor Morgengrauen an den Saum des Waldes kam und das weiße Band eines Flusses erblickte, der vom Hochmoor herabströmte, und über sich zwischen den Nussbäumen am Ufer – ein Feuer; und weil er meinte, es sei das Feuer von Hirten oder Köhlern, stieg er vom Pferd und band es an einen niedrigen Ast; dann wandte er sich flussaufwärts, dem roten Flackern zu, denn er wollte die Leute fragen, ob sie eine Spur von einem streunenden Hund gesehen hätten.

Das Ufergras dämpfte seine Schritte. So gelangte er unbemerkt zu dem Feuer und er sah, dass es am Eingang einer Hütte brannte, und als er hineinspähte, gewahrte er einen Mann und eine Frau, die auf einem Lager aus Farnkraut schliefen. Ihre Gesichter waren im Schatten; das Licht der Flammen aber ließ das fließende rote Haar der Frau aufleuchten und das Schwert des Mannes, das neben seiner Hand bereitlag, war an der Klinge gezackt. Keiner, der Tristan kannte, konnte Zweifel hegen, wem dieses Schwert gehörte.

Der Jagdmeister wandte sich lautlos um und ging am Flussufer entlang zu seinem Pferd. Er stieg in den Sattel und ritt zurück zum Lager des Königs; und noch bevor er drei Bogenschüsse weit gekommen war, hörte er ein Jaulen und Rascheln im Unterholz und der vermisste Hund kam hervorgesprungen und folgte seinem Pferd auf den Fersen.

Im Lager schliefen noch alle, als er ankam; und er weckte König Marcs Schildknappen, der vor dem Eingang der königlichen Hütte saß, und trat ein zum König.

»Hast du Gelert gefunden?«, fragte der König.

»Ja, aber nicht deshalb wecke ich Euch. Ich habe etwas anderes gefunden.«

»Und was ist es, um dessentwillen du mich aus dem Schlaf reißen musst?«

»Ein paar Meilen von hier entfernt«, sagte der Jagdmeister und fürchtete sich plötzlich vor seinen eigenen Worten, »steht eine Hütte und vor der Hütte brennt ein Feuer und darin schlafen ein Mann und eine Frau auf einem Lager.«

Der König stützte den Kopf auf seinen Ellbogen. »Welcher Mann ist das und welche Frau?«

»Ich konnte ihre Gesichter nicht sehen«, sagte der Jagdmeister, »aber die Frau hatte rotes Haar und dem Schwert des Mannes fehlte ein kleines Stück der Klinge.«

Der König schwieg eine ganze Weile. Dann sagte er: »Gebietet meinem Schildknappen, dass er mein Pferd bringe und es so bald wie möglich draußen vor dem Lager bereitmache, denn ich will diesen Mann und diese Frau sehen.«

So wurde das Pferd des Königs gesattelt und er und der Jagdmeister sprengten davon. Bei Tagesanbruch erreichten sie den Platz, wo der Fluss vom Hochmoor herabströmte, und sie sahen das letzte Licht des verglimmenden Feuers durch die Nussbäume schimmern. Da bat der König seinen Begleiter bei den Pferden zu bleiben und zu warten. Er selbst ging flussaufwärts und hielt das bloße Schwert in der Hand. Er kam zum Eingang der Hütte und sah hinein. Und er gewahrte im grauen Licht der Morgendämmerung Tristan und Iseult auf dem Lager; er wusste, dass er nur über die Schwelle treten und sein Schwert niederfahren lassen musste, zuerst auf Tristan und dann auf die Königin, denn sie waren ihm schutzlos preisgegeben. Aber weil sie ihm so schutzlos preisgegeben waren, konnte er es nicht tun. Er stand so lange dort, bis das graue Licht von Gold durchflossen wurde, er wusste, dass sie nun bald erwachen würden. Und als er sie so betrachtete, schien es ihm, als habe er Iseult nie so schön gesehen, und sein Herz hatte sich nie mehr nach ihr gesehnt als in diesem Augenblick. Und als er Tristan ansah, fühlte er die alte Liebe zu seinem Anverwandten wie einen Schmerz in seinem Leib.

Schließlich zog er sein Schwert aus der Scheide, beugte sich nieder, nahm Tristans Schwert und legte das seine an dessen Stelle. Dann streifte er einen seiner Jagdhandschuhe ab und legte ihn behutsam auf Iseults Brust. Einen Augenblick atmete sie rascher und regte sich im Schlaf; dann ging ihr Atem wieder gleichmäßig. Und König Marc wandte sich ab und ging seines Wegs; das Schwert mit der gezackten Klinge aber steckte er an Stelle seines eigenen in die Scheide.

Der Ring

Als Tristan und Iseult erwachten, fanden sie das Schwert des Königs an der Stelle, an der Tristans Schwert gelegen hatte, und den Handschuh des Königs auf Iseults Brust, und sie wussten, dass sie entdeckt waren.

»Wir müssen diesen Ort sogleich verlassen«, sagte Iseult. »Wir können nicht einmal auf Gorvenal warten! Hinterlass ein Zeichen für ihn, damit er uns folgen kann, und lass uns noch weiter weg fliehen.«

»Wenn wir dies tun, nun, da der König uns gefunden hat und weiß, dass wir beisammen sind, so wird er uns aufspüren, dessen bin ich mir gewiss«, sagte Tristan. »Wir werden nie einen Hund in der Nacht heulen hören ohne zu fürchten, sie seien uns auf der Spur. Aber er hat uns hier gefunden und obwohl er uns hätte töten können, hat er es nicht getan.«

»Was bedeutet das?«, fragte Iseult.

Tristan schüttelte den Kopf. »Ich weiß nur, dass er uns eine Botschaft hinterlassen hat: das Schwert für mich und den Handschuh für dich.« Und er erinnerte sich, wie König Marc an dem Tag, da er Iseult von Irland nach Cornwall gebracht hatte, ihre Hände in die seinen genommen und gesagt hatte, sie seien kalt, aber die seinen seien groß genug sie zu wärmen. »Der Weg zurück ist frei – zumindest für dich, Iseult.«

»Ich würde ihn nie gehen ohne dich.«

»Vielleicht gibt es auch für mich eine Rückkehr. Ich weiß es nicht. Ich muss mich der Gnade des Königs ausliefern; das soll das Schwert sagen.«

»Ich war glücklich hier und ich sehne mich nicht danach wieder Königin von Cornwall zu sein.«

»Besser Königin von Cornwall sein, als das Leben lang auf Hunde lauschen, die deine Spur suchen.«

In diesem Augenblick hörten sie in der Ferne einen Hund bellen. Da erschauderte Iseult, kauerte sich seufzend zusammen und sah Tristan mit weit geöffneten Augen an.

»Siehst du?«, sagte Tristan und legte die Arme um sie und zog sie an sich. »Herzallerliebste, das ist Bran. Gorvenal kehrt zurück von der Jagd – doch siehst du, wie es wäre?«

Als Gorvenal erschien und den Rehbock auf die Erde warf, den er erlegt hatte, während Bran herbeilief um Tristans Hand zu lecken und sich dann keuchend niederlegte, zufrieden über die gemachte Beute, erzählte Tristan seinem Freund, was geschehen war. Und Gorvenal stimmte zu, dass die Zeit gekommen sei, nach Tintagel zurückzukehren.

Da verließen sie die kleine Hütte am Fluss und kehrten zurück nach Tintagel und zum König. Gras aber würde die Stelle bedecken, an der ihr Herdfeuer gebrannt hatte.

Die Fackeln wurden schon angezündet, als sie bei König Marc anlangten, der auf seinem erhabenen Stuhl mit den geschnitzten Hengstköpfen thronte. Reglos saß er da und sah Tristan und Iseult entgegen, die durch die leere Halle schritten, bis sie vor ihm standen.

Das Schweigen war so lang und schwer wie die Stille zwischen Blitz und Donner. Und ein Hund, der zu Füßen des Königs lag, winselte, denn er witterte den Kummer und den Zorn, die Liebe und den Hass, die wie Donnerschläge in der Luft harrten.

Schließlich sagte der König: »Ihr habt also meine Botschaft verstanden.«

»Wir haben Eure Botschaft verstanden«, sagte Tristan, »und wir sind gekommen.«

»Das ist gut«, sagte der König. »Hört nun: Ich werde die Königin zurückkehren lassen in mein Haus, in mein Herz. Und Euch, Tristan, den ich einst von allen Männern am liebsten hatte, sage ich nur: Die Welt ist weit.«

Tristan sah dem König lang und gerade in die Augen. »Ich nährte eine Hoffnung, dass der Weg zurück auch für mich offen wäre, doch es war nur eine kleine Hoffnung. Die Welt ist weit, wie Ihr sagt, mein Herr König.«

»Ich lasse Euch bis zum morgigen Sonnenaufgang Zeit, zusammenzutun, was Ihr mitnehmen wollt, und von Tintagel zu scheiden. Ich gebe Euch drei Tage Zeit, Cornwall hinter Euch zu lassen. Ihr werdet nie mehr zurückkehren!«

Tristan neigte den Kopf, dann blickte er auf und sah den König furchtlos an wie zuvor. »In drei Tagen werde ich Cornwall hinter mir gelassen haben. Doch wenn Iseult in Eurer Obhut je ein Ungemach oder Leid widerfährt, so werde ich es wissen und ich werde zurückkehren!«

Da sprach Iseult zum ersten Mal. »Mein Herr König, wenn ich wieder bei Euch leben und Euer Weib sein soll, muss das zu Ende sein, was zwischen meinem Herrn Tristan und mir war, und darf nicht hängen bleiben wie ein zerrissener Ärmel. Gewährt uns ein wenig Zeit, in der wir allein sind um Abschied zu nehmen voneinander.«

Der König zeigte auf ein Holzscheit, das schon zu weißer Asche zerfiel. »Ihr habt Zeit, bis dieses Scheit verbrannt ist.« Und er erhob sich und ging zu einer Nebentür. Aber sie wussten, dass er vom Raum neben der Halle aus hören würde, wann das Scheit verbrannt war und zerfiel.

Als sie allein waren, traten sie dicht voreinander hin; aber sie vermochten keine Abschiedsworte zu sagen, denn sie hatten diese Worte so oft gesagt, dass sie nun leer waren. Tristan sprach nur mit leiser Stimme: »Ich lasse dir Bran. Liebe ihn um meinetwillen.«

Und Iseult sagte: »Er wird mir teurer sein als alles andere in Cornwall, weil du ihn mir geschenkt hast. Und für dich habe ich auch ein Geschenk.« Sie zog einen schweren Goldring von ihrem Finger, aus seltsam verschlungenen Schlangen geformt, den sie aus Irland mitgebracht hatte. »Wenn du meiner einst wirklich bedarfst, schick mir diesen Ring zurück und ich werde zu dir eilen, auch wenn du am anderen Ende der Welt wärst. Doch bedenke gut, ob du ihn sendest, denn wenn es geschieht, werde ich kommen, auch wenn es für uns beide den Tod bedeutet.«

Und Tristan nahm den Ring und küsste ihn und barg ihn in der Brust seines abgetragenen Hemdes.

»Noch eines will ich dir sagen«, flüsterte Iseult. »Versprich mir, dass du bis an dein Lebensende alles, um was man dich in meinem Namen bittet, tun wirst; gleichgültig, wie seltsam oder schwierig oder gefährlich, wie groß oder klein es sein mag – wenn du im Namen von Iseult von Cornwall darum gebeten wirst.«

Und darum erbat sie dies, dass sie fortan ihrer Macht über ihn sicher sein könne, ihrer Macht, ihn zurückzurufen; auch wenn sie von dieser bis zu ihrem Tod nie Gebrauch machen würde.

Und Tristan wusste, weshalb sie es erbat, und er versprach: »Es soll geschehen, worum du mich bittest.«

Iseult nahm sein Gesicht in ihre Hände, zog es

zu sich heran und sah ihm in die Augen. »Ich bitte dich nicht. Ich banne dich nach der Sitte meines Volkes, denn vergiss nicht, Iseult von Cornwall ist immer noch Irin. Und vergiss auch nicht, dass du deine eigene Ehre vernichtest, wenn du den Bann brichst, und dein eigenes Leben vernichtest und vielleicht auch alles, was von dem meinen noch übrig ist.«

Das verbrannte Holzscheit zerfiel mit einem leisen Knistern und einem letzten Funkenflug im roten Herzen des Feuers.

Tristan ging in seine alte Behausung zurück, packte seine Kleider und die wenigen Habseligkeiten, die sich noch dort fanden, zusammen und legte sein feines Kettenhemd an, während Gorvenal zwei Pferde aus dem Stall holte. Und beim Morgengrauen ritt er fort von Tintagel, ostwärts, dem Sonnenaufgang entgegen, und Gorvenal ritt an seiner Seite. König Marc aber sah er nie wieder, außer einmal, als der König nichts davon wusste. Aber das Schwert des Königs steckte immer noch in seiner Scheide und sein eigenes Schwert mit der gezackten Klinge in der des Königs.

Der Krieg
in der Bretagne

Tristan und Gorvenal durchstreiften ganz Britannien und andere Länder; und sie erlebten viele Abenteuer, bis sie schließlich in die Bretagne kamen, in einen Teil des Landes, der einst geblüht hatte, nun aber eine Wildnis war. Drei Tage lang ritten sie durch diese Gegend und sahen Hallen und Festungen und die Spuren früherer Felder; aber die Hallen hatten keine Dächer mehr und die Herdfeuer waren erloschen und die Felder waren überwuchert von Ampfer und Brombeergesträuch. Und im ganzen Lande regte sich nichts als wildes Getier.

Doch am dritten Abend gelangten sie zu einer kleinen Kapelle auf einem Hügel, neben der die Hütte eines Einsiedlers stand; und aus dieser Hütte drang der erste Feuerschein, den sie in diesem Lande sahen. Sie ritten auf die Hütte zu und der alte, gebückte Einsiedler trat vor die Tür und fragte: »Was ist Euer Begehr, meine Söhne?«

»Ein Nachtlager«, sagte Tristan. »Und ein Platz an Eurem Feuer. Denn im ganzen Land scheint kein anderes Herdfeuer zu brennen.«

Und so saßen sie an diesem Abend beim Feuer

des Einsiedlers. Doch sie nahmen nichts von seinen kärglichen Vorräten, sondern aßen von dem wenigen, was sie in ihren Satteltaschen mitgebracht hatten. Und als sie gegessen hatten, fragte Tristan, warum alles ringsum so verlassen sei.

»Da fragt Ihr recht«, sagte der Einsiedler, »denn dieses Land war einst so reich wie nur je ein anderes in der Welt, bis Leid es heimsuchte ... Ihr müsst wissen, dass unser König Hoel eine wunderschöne Tochter hat, um deren Hand einer seiner Vasallen, Herzog Jovelin von Nantes, anhielt. Der König verweigerte ihm seine Tochter – manche sagen, er sei zu stolz gewesen sie einem Vasallen zu geben, andere sagen, sie habe ihn nicht gewollt. Da beschloss Jovelin sie mit Gewalt zu nehmen und er scharte viele andere Edelleute um sich, um mit ihnen gegen den König zu kämpfen. Sie haben das Land verwüstet, wie Ihr seht, und alle königlichen Burgen geschleift, bis auf Carhaix; und dort, in seiner letzten Festung, wird der König noch jetzt belagert, mit seinem Sohn Kaherdin und einigen Edlen, die ihm treu geblieben sind.«

»Und wo ist dieses Schloss von Carhaix?«, fragte Tristan.

»Kaum zwei Meilen von hier.«

»Wenn Ihr uns heute Nacht bei Eurem Feuer schlafen lasst, haben wir morgen also nicht weit zu reiten bis dorthin.«

»Drachen«, sagte Gorvenal, »du brauchst immer noch mehr Drachen. Erinnere dich, was das letzte Mal dabei herauskam.«

»Ich erinnere mich daran, unaufhörlich erinnere ich mich daran«, sagte Tristan und klopfte auf das Heft seines Schwertes.

Am nächsten Morgen nahmen sie Abschied von dem Einsiedler und machten sich auf den Weg nach Carhaix. Sie fanden die Burg belagert vom Kriegsheer des Herzogs Jovelin. Doch als die Leute sahen, dass sie nur zwei Reiter waren, machte sich keiner die Mühe sie aufzuhalten und so gelangten sie bis vor die Holzumfriedung der Burg. Der König selbst – Tristan erkannte ihn an dem goldenen Schmuck auf seinem Helm – stand auf dem Wall und hielt Ausschau über das Heer der Rebellen und Tristan ritt näher herzu und rief zu ihm hinauf. »Mein Herr König, könnt Ihr noch zwei Schwerter brauchen?«

Der König sah zu ihm hinab und lachte und es klang, als belle ein alter Fuchs. »Wir können nicht noch zwei hungrige Mäuler mehr brauchen; die Vorräte sind schon knapp genug. Ihr macht ein tapferes Angebot, Fremde, doch mischt Euch nicht in diesen Händel. Nehmt meinen Dank und reitet Eures Weges.«

»Was die Mäuler anbelangt, so haben mein Kampfgefährte und ich schon öfter magere Zeiten gesehen, und wir wissen nur zu gut, wie man den Gürtel enger schnallt. Ich brauche kräftigen Händel – warum sollte ich mich nicht in den Euren mischen?«

Und ein großer, hässlicher junger Mann mit strohblondem Haar und einer großen Nase und lachendem Mund, der nahe beim König stand, sagte rasch: »Zwei gute Schwerter sind einen halben Brotlaib am Tag wert, Vater; und wenn dieser tapfere Fremde sich in unseren Händel mischen will – nun, er ist heftig genug, dafür brauchen wir nicht so geizig zu sein!«

Da wurden die hölzernen Torflügel schließlich gerade so weit geöffnet, dass Pferde und Reiter hindurch konnten, während die Kriegsleute bereitstanden gegen einen Angriff von Jovelins Männern zu kämpfen. Und die erste Hand, die sich Tristan zum Gruß entgegenstreckte, als er, gefolgt von Gorvenal, über die Schwelle ritt, war die große, knochige Hand von Prinz Kaherdin.

Doch Tristan und Gorvenal waren nicht die einzigen Reiter, die ihr Pferd an diesem Tag vor den Toren von Carhaix anhielten. Kurz nach Mittag kam ein Herold aus dem Lager der Rebellen herauf und brachte eine Herausforderung von Herzog Jovelin an den in der Burg, der herauskommen und sich ihm im Zweikampf stellen würde.

Als er die Botschaft empfangen hatte, sagte der König: »Wenn ich nur zwanzig Jahre, nur zehn Jahre jünger wäre und behänder . . .«

Und Prinz Kaherdin hob die Schultern und sagte: »Könnte ich etwas Gutes bewirken, wenn ich die Herausforderung annähme, so zögerte ich nicht. Doch ich kenne Jovelins Stärke. Es gibt keinen im ganzen Königreich, der mehr wäre als eine Motte in einer Flamme im Zweikampf mit diesem.«

Und all die anderen Krieger sahen einander an und senkten dann den Blick. Und die Hälfte von ihnen griff nach dem Schwert, doch keiner nahm die Herausforderung an.

Da sagte Tristan, der gewartet hatte, weil er den anderen den Vortritt lassen wollte: »Mein Herr und König, ich weile erst wenige Stunden bei Euch, doch erlaubt mir trotzdem mich diesem Herzog Jovelin zu stellen. Ich habe schon einmal eine ähnliche Herausforderung gegen eine noch stärkere Übermacht angenommen und damals trug ich den Sieg davon.«

So verließ der Bote Carhaix mit der Auskunft, dass Tristan von Lothian (denn Tristan von Cornwall konnte er sich nicht mehr nennen) die Herausforderung des Herzogs Jovelin annehme und eine Stunde vor Sonnenuntergang kommen und sich ihm zum Kampf stellen werde. Und zu der verabredeten Stunde öffneten sich die Tore wieder und Tristan schritt hinaus, das blanke Schwert in der Hand. Und Herzog Jovelin ging ihm entgegen über das freie Feld im Schatten der Mauern. Die untergehende Sonne schimmerte auf ihren Waffen und ihre Schatten dehnten sich auf dem Grasboden wie die Schatten von Riesen. Und von den Festungswällen von Carhaix und von den Linien des Rebellenheeres aus sahen Belagerer und Belagerte zu.

Da verkündeten die Herolde Herausforderung und Annahme und der Kampf begann. Es war ein langer und harter Kampf, langsam und argwöhnisch zunächst, wie wenn Hunde einander umkreisen und auf eine Gelegenheit zum Angriff lauern. Beide Kämpfer versuchten die Sonne in den Rücken zu bekommen, damit sie den anderen blende. Dann wurde der Kampf rascher und wilder und sie rückten einander näher und ließen die Klingen klirren und die Funken flogen von ihren Hieben. Einmal versetzte Tristan Jovelin einen Stich in die Hüfte und Jovelins Schwert schlitzte Tristans Schulter auf. Doch lange Zeit konnte keiner die Übermacht gewinnen. Da hieb Jovelin, als Tristan vor einem wilden Schwall von Hieben zurückwich, in die Luft, als er Tristan verfolgte, und Tristans Schwert drückte mit Macht gegen das seine. Einen Augenblick lang kämpften sie Auge in Auge und Schwertgriff an Schwertgriff; dann entglitt dem Herzog das Schwert, beschrieb einen funkelnden Bogen in der Luft und blieb mit der Spitze im Boden stecken, weit drüben, nahe dem Lager der Rebellen. Herzog Jovelin aber stand wehrlos da, Tristans Schwert an seiner Kehle.

Hierauf brachen die rebellischen Krieger in Geschrei aus und stürzten nach vorn um ihrem Anführer zu helfen, aber Jovelin rief ihnen zu: »Zurück, ihr Kerle! Zurück, sage ich! Ich lass mir meine Ehre nicht durch meine Freunde besudeln!« Und sie hielten inne und zogen sich dann auf ihre Beobachtungsposten zurück. Und zu Tristan sagte er: »Tristan von Lothian, es scheint, dass ich mich Euch auf Gedeih und Verderb ausliefern muss.«

Tristan ließ sein Schwert sinken. »Dies sind meine Bedingungen: Ihr sollt Euren Männern befehlen aus Eurem Lager so viele Vorräte zu bringen, dass Carhaix eine Woche davon leben kann, oder Ihr werdet in das Burgverlies geworfen und wir kämpfen weiter, hungrig wie wir sind. Die Entscheidung liegt bei Euch, Herr Jovelin.«

Herzog Jovelin lächelte und sie sahen einander nicht wie Feinde an, sondern wie zwei Kämpfer. Und er sagte: »Verliese mag ich nicht. Ich werde lieber Carhaix für eine Woche mit Vorräten versorgen.«

»Das ist eine kluge Entscheidung und ich weiß sie zu schätzen«, sagte Tristan. »Ich denke, es wäre recht angenehm, wenn die erste Lieferung rechtzeitig heute Abend ankäme.«

Da rief Herzog Jovelin ein paar von seinen Männern und gab ihnen seine Befehle; und im letzten Licht des Sonnenuntergangs und später beim Schein der Fackeln wurden Mehlsäcke und Fässer mit Pökelfleisch gebracht und von den Kriegern an den Toren der Burg in Empfang genommen, während Herzog Jovelin als Tristans Gefangener dabeistand und alles überwachte.

Und als der letzte Sack und das letzte Fass nach Carhaix hineingeschafft worden waren, trennten sich die beiden Kämpen und der Herzog ging zum Kampfplatz, wo sein Schwert immer noch aufrecht in der Erde stak, und zog es heraus und ging zurück zu seinen Lagerfeuern, während Tristan, durch dessen Ärmel es unter der Rüstung rot hindurchsickerte, in die Burg zurückging.

Der Erste, der ihn begrüßte, war wieder Kaherdin. »Ich sollte Euch hassen«, sagte er.

»Aber Ihr tut es nicht«, antwortete Tristan.

»Ich tue es nicht«, sagte der Prinz; und er legte seinen Arm um Tristans Schultern. »Heute Abend werden wir tafeln. Doch zuvor müsst Ihr nach Eurer Wunde sehen lassen. Kommt in den Frauentrakt, meine Schwester wird sie versorgen.«

Also ging Tristan mit Kaherdin in den Frauentrakt, der hinter der großen Halle der Festung lag. Eine Jungfrau stand beim Feuer und zog ein Silberglöckchen an einem grünen Faden über den Boden für eine kleine Katze, die damit spielte. Sie hatte dunkles Haar, das ihr über die Wangen fiel, so dass er ihr Gesicht nicht sehen konnte. Doch er sah ihre Hände vor dem roten Hintergrund ihres Kleides und sie waren weiß und fast durchscheinend wie die zartblättrigen Anemonen in den Wäldern.

Da sagte Kaherdin: »Hier ist der Kämpe, der uns Proviant für eine Woche erstritten hat. Er ist nicht unversehrt aus dem Kampf hervorgegangen und ich habe ihn dir gebracht, damit du seine Wunden pflegen kannst.« Und als sie aufblickte und lächelte, sagte er zu Tristan: »Das ist meine Schwester, Prinzessin Iseult.«

Und so sah Tristan das erste Mal Iseult mit den weißen Händen.

Am folgenden Tag kam ungesehen ein Bote in die Burg und brachte König Hoel die Nachricht, dass zwei seiner Neffen kommen würden um ihm beizustehen und zweihundert Krieger und Nahrungsvorräte für einige Wochen mitbringen würden. Da sandte der alte König nach Tristan und Kaherdin und teilte ihnen die gute Nachricht mit. »Sie können kaum vor morgen Mittag hier sein«, sagte er. »Doch wir werden vom frühen Morgen an Ausschau halten; und wenn sie erscheinen, müssen wir aufbrechen um sie vor Jovelins Leuten zu schützen und sicher zur Burg zu geleiten. Ich werde mit zwanzig Mann hier bleiben um die Tore zu bewachen: Ihr beide sollt über die übrigen Leute befehlen.«

Am nächsten Tag, kurz nach Mittag, wurden die Verwandten von König Hoel gesichtet und die Tore öffneten sich und die Empfangstruppe machte sich auf den Weg, Tristan und Kaherdin voran, Schulter an Schulter unter der blauen und smaragdfarbenen Standarte von Carhaix.

Sie hatten nur den zweihundert sicheres Geleit in die Burg geben wollen. Doch Herzog Jovelins Männer, die in einer Senke lagen, konnten die Staubwolke der herannahenden Hilfstruppe nicht sehen. Und da sie nur die Schar erspähten, die aus dem Burgtor kam, brachen sie in Geschrei aus und stürzten sich zum Angriff auf sie. Da hörten die Neffen von König Hoel aus der Ferne das Kampfgetöse und stürmten über den Hügel um das Heer der Aufrührer von hinten anzugreifen. Und augenblicklich tobte vor den Mauern von Carhaix eine wütende Schlacht.

Sie kämpften lange und heftig und einmal hatte die eine Seite die Oberhand, dann wieder die andere. Da fand sich Kaherdin, der von seinen Gefährten getrennt worden war, plötzlich von den Männern des Herzogs Jovelin umzingelt und war in höchster Gefahr, niedergemetzelt oder gefangen genommen zu werden. Tristan aber, der sah, in welch tödlicher Lage er war, eilte ihm, eine Schar seiner eigenen Männer hinter sich, zu Hilfe und brach durch die Reihen der Feinde, bis er an der Seite des Prinzen war.

Dann stürzten sie sich zu einem neuen Angriff auf den Feind. Und dieser Angriff, heftiger und stärker als alle zuvor, zersplitterte den geschlossenen Haufen der Kämpfer des Herzogs Jovelin und vertrieb sie vom Schlachtfeld.

Vor Sonnenuntergang waren vierzig Anführer der Rebellen und ihre Leute gefangen genommen und noch mehr waren tot. Herzog Jovelin aber, der zur Unterwerfung gezwungen war, hatte, die Hand auf dem Schwertknauf, geschworen, von dem Tag an König Hoel treu zu dienen und ihm alles zu ersetzen, was er ihm durch den Kampf genommen hatte.

Als sie in dieser Nacht in der großen Halle von Carhaix tafelten und die Prinzessin und ihre Dienerinnen herumgingen und die Becher der Krieger mit Wein füllten, wandte sich der alte König zu Tristan, der an seiner Seite saß, und sprach: »Es war mir heute, als hätte ich zwei Söhne, die vor unseren Mauern kämpften. Zwei Neffen und zwei Söhne. Und nun bewegt mich der Gedanke, Euch, wenn Ihr es wollt, wirklich als einen zweiten Sohn anzunehmen.« Und einen Augenblick lang war Tristan sich nicht sicher, was er meinte. »Das Land war verwüstet, weil ich meine Tochter nicht einem Manne geben wollte, der mir unwürdig schien. Jetzt wird das Land wieder erblühen und Feuer werden in den Herden brennen und was Euch anbelangt – Euch gebe ich sie, denn Ihr seid ihrer wert.«

Und Tristan sah Prinzessin Iseult vor sich stehen mit einem großen Becher voll Wein in ihren Händen; und diesmal war ihr Gesicht nicht unter ihrem Haar verborgen, denn ihre vollen dunklen Zöpfe waren mit goldenen Bändern zusammengebunden; und er sah, wie ihre Wangen sich tief röteten wie die Fingerhutblüten in den Wäldern Cornwalls; und ihre Augen leuchteten mild; da wusste er, dass ihr Herz ihm gehörte.

Und er dachte: Dies ist sicher etwas, was das Schicksal mir auf die Stirn geschrieben hat.

Meine Iseult ist für mich verloren und ich werde
sie nie wieder sehen. Hier aber ist eine andere
Iseult. Nehme ich sie nicht zur Frau, bereite ich
ihr Schande. Und wenn ich sie zur Frau nehme,
werden wir beide vielleicht ein wenig Glück finden, auch wenn es ein Glück mit beschnittenen

Flügeln sein wird, ein Glück, das nicht fliegen kann. Und so sprach er: »Wenn die Prinzessin es wünscht, so wünsche auch ich es von Herzen.«

Und er legte seine Hände über die ihren, die den Becher umschlossen hielten, und neigte das Haupt und trank.

Die Jagdgesellschaft

So wurden Tristan und Iseult Weißhand Mann und Frau und ein Jahr lang teilten sie ihr Leben. Doch Tristan lernte nie für sie zu empfinden, was ein Mann für seine Frau empfinden sollte; es war immer, als sei die andere Iseult neben ihm. Er war immer gut zu ihr, doch in seiner Güte war kein Feuer, keine Freude, kein Lachen, denn alles Feuer und alle Freude und alles Lachen, die ihn einst erfüllt hatten, waren in Cornwall geblieben. Iseult Weißhand klagte nie, und wenn sie unglücklich war, so sagte sie es doch keinem, denn sie konnte Geheimnisse gut für sich behalten, viel besser, als Iseult von Cornwall es je vermocht hatte. Doch Kaherdin, ihr Bruder, der sie zärtlich liebte, sah, wie es um sie und Tristan stand, und fasste den Entschluss mit ihm zu sprechen.

Er wartete auf einen günstigen Augenblick. Und als sie eines Tages am Meeresstrand entlangritten, bemerkte er, wie Tristan die Zügel lose auf den Nacken des Pferdes niederhängen ließ und sich im Sattel umwandte und auf das Meer hinaussah und dabei seinen Gefährten ganz vergaß. Und er fragte: »Was siehst du dort draußen?«

Tristan fuhr auf und kam wieder zu sich. »Nur die Wellen und die Seevögel.«

»Bist du sicher?«, fragte Kaherdin.

»Was sollte ich sonst sehen?«

»Dort drüben liegt Cornwall.« (Tristan hatte ihm schon vor langer Zeit gesagt, dass er aus Cornwall stammte und nicht aus Lothian.)

»Und warum sollte ich nach Cornwall hinüberschauen?«

»Ich fragte mich, ob du nach jenem Etwas – sei es Ding oder Mensch – Ausschau hältst, das dich hindert meine Schwester zu lieben, wie ein Mann seine Frau lieben sollte.«

Tristan zuckte zusammen und seine Hand riss an den Zügeln, dass das Pferd zu tänzeln begann. Und als er es beruhigt hatte, wandte er sich zu Kaherdin und fragte: »Wie kommst du darauf, dass ich es nicht tue?«

»Ich habe euch oft genug zusammen beobachtet. Und immer – in der letzten Zeit immer mehr – bist du wie ein Mann, dessen Herz anderswo weilt und in dessen Brust eine Leere ist.«

Tristan ritt eine Weile schweigend weiter, immer auf der Grenze zwischen dem nassen und dem trockenen Sand. Und dann sagte er: »Es ist wahr, was du sagst. Ich habe nicht die Kraft, deine Schwester Iseult zu lieben, denn all die Liebe, die ich hatte, ließ ich vor langer Zeit in Cornwall zurück, bei einer anderen Iseult.«

»Ich habe gehört, dass die Königin von Cornwall diesen Namen trägt«, sagte Kaherdin.

Und weiter ritten sie schweigend zwischen dem feuchten und dem trockenen Sand dahin. Dann sagte Kaherdin: »Die Leute sagen, sie sei sehr schön.«

»Die Leute sprechen die Wahrheit«, sagte Tristan. »Sie ist schöner als alle Frauen, die ich je gesehen habe. Doch auch wenn sie krumm und hässlich wäre wie die alte Ginna, die vor dem Burgtor bettelt, müsste ich sie lieben . . . Tag und Nacht zerrt an mir die Sehnsucht. Tag für Tag und Nacht für Nacht wird sie ärger und hört nie auf . . .« Und wieder brachte er sein Pferd dazu, unwillig zu tänzeln. »Kaherdin, mein Bruder, es ist so weit gekommen, dass ich zurückgehen und sie noch einmal sehen muss: Ich glaube, dass ich sonst sterbe oder den Verstand verliere.«

»Und wenn du sie gesehen hast?«

»Ich weiß es nicht«, sagte Tristan und seine Stimme war rau und müde wie die eines Menschen, der zu lange unter Schmerzen wach gelegen hat. »Vielleicht erleichtert es mein Herz, wenn ich sie gesehen habe, und ich werde zu Iseult Weißhand zurückkehren. Ich weiß nur, dass ich so, wie ich jetzt bin, für keine Frau und keinen Mann erträglich bin. Doch wie solltest du das verstehen können?«

»Vielleicht besser, als du meinst«, sagte Kaherdin und blickte starr zwischen den Ohren seines Pferdes hindurch zu Boden. »Auch ich sehe immer das Gesicht einer Frau zwischen mir und der Sonne.«

Nach einer Weile sagte Tristan darauf. »Willst du mir davon erzählen?«

»Es war, noch bevor Herzog Jovelin kam und um meine Schwester anhielt. Als ich eines Tages ausritt, begegnete ich einer Schar Mädchen, die Weißdornzweige sammelten, denn es war der erste Tag im Mai. Eines von ihnen, das mir die Schönste aus der Schar zu sein schien, sagte mir, sein Name sei Gargeolain; und wir begegneten einander wieder und wieder und gaben uns heimlich das Versprechen zu heiraten, wenn noch ein Sommer ins Land gegangen wäre, denn sie war noch sehr jung. Doch ich wurde fortgerufen zu Kämpfen an der Grenze von meines Vaters Land und als ich zurückkehrte, hatte man sie zur Ehe mit einem Vasallen namens Bedenis gezwungen. Er gehörte zu denen, die Carhaix im letzten Jahr belagerten.«

»Aber wenn sie ihn nicht wollte, warum sagte sie ihnen nicht, dass ihr einander versprochen wart, und warum bat sie nicht deinen Vater um Hilfe?«

»Sie wusste nur, dass ich Kaherdin hieß, und das ist kein seltener Name in der Bretagne. Ich hatte ihr nie gesagt, wer mein Vater ist, denn es tat mir wohl, als Mann geliebt zu werden und nicht als Prinz. Ich wollte es ihr später sagen, doch als man mich fortschickte, war nicht mehr die Zeit dazu; und als Bedenis um sie warb, konnte sie nur sagen: ›Ich bin einem Manne namens Kaherdin versprochen‹ – und der war nirgends zu finden.«

»Und du hast sie seither nie mehr gesehen?«

»O doch, zweimal. Ihr Gemahl geht beinahe jeden Tag auf die Jagd und nimmt sie niemals mit; aber er sperrt sie in seiner Festung hinter dicken Mauern ein, denn er ist sehr eifersüchtig. Und zweimal, als ich den Pfad unterhalb des Festungsberges entlangritt, sah ich sie hoch oben auf dem Wall stehen. Sie war sehr weit entfernt, aber ich täusche mich gewiss nicht.«

Darauf ritten sie wieder schweigend auf der Grenze zwischen dem trockenen und dem feuchten Sand dahin, bis es schließlich aus Tristan hervorbrach: »Kaherdin, mein Bruder, um deiner Liebe zu Gargeolain willen, hilf mir, die Bretagne zu verlassen und noch einmal nach Cornwall zu fahren ... Ich schwöre, dass ich zurückkommen werde.«

Und Kaherdin sagte: »Lass uns, nun da wir hier Frieden haben und entbehrlich sind, auf die Reise gehen. Ich habe gehört, dass König Marc schöne Pferde züchtet, und ich möchte den Bestand meiner Ställe vergrößern. Das ist eine gute Ausrede, die wir am Hof meines Vaters gebrauchen können.«

So bestiegen sie, nur begleitet von Gorvenal und einem vertrauenswürdigen Schildknappen Kaherdins, ein Schiff, segelten nach Cornwall und begaben sich in die Halle von Tristans altem Freund Dynas von Lidan, dem Seneschall. Und

Tristan bat ihn: »Geht für mich zur Königin, zeigt ihr diesen Ring und sagt ihr, sie solle eine zwei Tage während Jagd im Weißen Land ausrichten lassen. Bittet sie, dafür zu sorgen, dass sie den Weg durch das Tal nehmen; ich werde mich an einer bestimmten Stelle in den Büschen verborgen halten und einen grünen Pfeil in die Mähne ihres Pferdes werfen, als Zeichen dafür, dass ich da bin – ein altes, närrisches Kunststück von mir, an das sie sich erinnern wird. Und dort, wo sie dieses Zeichen bekommt, soll sie den König bewegen anzuhalten und das Lager für die Nacht aufzuschlagen.«

»Einst«, so sagte Dynas, »erflehte ich vom König Eure Verbannung anstelle Eures Todes und schwor bei meiner Ehre, dass Ihr nie nach Cornwall zurückkehren würdet. Der König aber hörte nicht auf mich, deshalb betrachte ich mich in dieser Sache als frei.«

Und er ging nach Tintagel und erreichte es, die Königin allein zu sprechen; und er zeigte ihr den Ring und überbrachte ihr Tristans Botschaft.

Sie wurde erst blutrot und dann weiß; doch sie gab keinen Laut von sich und blieb reglos, denn obgleich sie sich in einen Durchgang begeben hatten, waren sie nicht weit vom Feuer, an dem der König und einer seiner Edlen Schach spielten. Dann aber wandte sie sich den Spielern zu. »Mein Herr, Euer Seneschall berichtet mir von einem schönen Zwölfender, der im Weißen

Land gesehen worden ist. Wollen wir morgen auf die Jagd gehen? Denn die Mauern von Tintagel werden mir eng bei diesem wunderbaren, klaren Herbstwetter.«

Der Seneschall kehrte mit seiner Botschaft zurück. Und als am nächsten Abend die Schatten länger wurden, lagen Tristan und Kaherdin mitten in einem Weißdorngestrüpp, dort wo der Pfad durchs Tal in das Weiße Land führt; diese Jagdgründe hatten ihren Namen von den Blüten, die im Frühling den Landstrich wie weißer Schnee zierten. Sie hatten Gorvenal und Kaherdins Schildknappen mit den Pferden zurückgeschickt zur Halle des Seneschalls und waren allein im Wald, in dem die ersten Herbstfeuer brannten.

Die Schatten wurden immer länger und das Sonnenlicht verdichtete sich und flirrte wie Goldstaub in der Luft. Und schließlich hörten sie in der Ferne auf dem Weg den Klang von Hufen und Schritten. Die Schritte kamen immer näher, bis sie die Vorhut der Jagdgesellschaft erspähen konnten: die Diener, die Maulesel führten, beladen mit zusammengerollten Zelten und Baldachinen, mit Töpfen und Pfannen, Vorratskörben und all den Dingen, die man für ein Jagdlager brauchte. Als sie vorübergezogen waren, kamen die Kämmerer und Tafelmeister und dann die Falkner, haubenverhüllte Falken auf den Fäusten, und die Jäger, welche die großen Jagdhunde des Königs an Leinen führten.

Tristan erstarrte, als die Hunde vorüberliefen, und das Herz schlug ihm schwer im Hals. Doch er und Kaherdin hatten ihr Versteck mit Bedacht auf der windabgewandten Seite des Weges gewählt; und kein Lufthauch trug den Hunden ihre Witterung zu.

Nach den Jägern kam der König selbst, der unter seinen Edlen ritt. Und Tristan, der durch die dichten dornigen Zweige hindurchschaute, sah, wie grau sein Haar unter der Lederkappe geworden war und wie alt und hart und düster sein Gesicht. Doch er zog mit all den anderen vorüber; und nach ihm folgten die Dienerinnen der Königin mit ihren Pagen und Mundschenken, die zu Paaren ritten. Und zuletzt kam, nur begleitet von Brangian und Perenis, Iseult, die Königin, und der Hund Bran folgte ihrem Pferd auf den Fersen. Und da war es Tristan, als sei eine zweite Sonne aufgegangen in der Dämmerung.

Neben sich hörte er Kaherdin flüstern: »Das ist sie?« Und er nickte und holte mit der Hand aus, die das grüne Schilfrohr hielt, und ließ es durch die Luft sausen, dass es in der Mähne ihres Pferdes stecken blieb, als sie vorüberritt. Iseult blickte auf den Nacken ihres Pferdes und sah das Schilfrohr dort hängen; sie warf einen Blick zu Brangian hinüber, aber keinen einzigen zu dem Dorngestrüpp hin, aus dem es gekommen war. Sie zog das Schilfrohr heraus und warf es fort, als sei es zufällig hängen geblieben. Sie brachte ihr Pferd zum Stehen und sagte zu Perenis: »Reite voraus und bitte den König, hier an diesem schönen Ort das Lager für die Nacht aufzuschlagen, denn wir sind weit geritten, und ich bin auf einmal sehr müde.«

Und als ihre Dienerinnen sich umwandten und sich um sie scharten, stieg sie ab und setzte sich auf einen moosbewachsenen Baumstumpf am Wegrand; und sie gab Acht, dass Bran an ihrer Seite blieb. Sogleich kehrte Perenis zurück. »Mein Herr und König befahl mir Euch zu sagen, dass dies kein guter Platz für ein Lager sei, denn er ist so dicht von Gesträuch umwachsen, dass sich darin ein Wolf oder ein Feind ganz in unserer Nähe verborgen halten könnte. Doch ein kleines Stück weiter ist freies Land und fließt süßes Wasser.«

»Welchen Feind fürchtet der König in seinen eigenen Jagdgründen?«, fragte Iseult. »Wölfe werden sich nicht zu unsern Feuern wagen; und wenn süßes Wasser in der Nähe ist, so lasst die Diener davon holen. Geh, sag dem König, dass ich zu müde bin, auch nur ein kleines Stück weiterzureiten, und bitte ihn hier das Lager aufzuschlagen.«

Da ritt Perenis wieder davon; und nach kurzer Zeit sah Tristan, der aus dem Dickicht hervorspähte, die ganze Jagdgesellschaft zurückkommen. Er berührte Kaherdin an der Schulter und sie verbargen sich weiter hügelaufwärts; und von ihrem Versteck aus sahen sie zu, wie die

Diener die gestreiften Zelte errichteten und so gut sie konnten Lagerfeuer entzündeten in diesem waldigen, dicht mit Büschen bewachsenen Tal. Schon bald stieg der Rauch der Feuer aus den Weißdornsträuchern auf und Fackeln begannen in der sinkenden Dämmerung zu leuchten; und Tristan hörte die Stimmen der Jagdgesellschaft bei der abendlichen Mahlzeit und vernahm den Klang einer Harfe.

Als sie das Mahl unter den Bäumen beendet hatten, erhob sich die Königin und zog sich mit ihren Dienerinnen in das karmesinrote Zelt zurück, das man für sie in der Nähe des Busches errichtet hatte, aus dem der grüne Pfeil gekommen war. Sie schickte die Mädchen fort; alle mussten gehen außer Brangian. Und als sie allein waren, sagte sie zu ihrer Freundin: »Stell die Fackel dort drüben so hoch wie möglich auf, damit sie nur einen kleinen Schatten wirft, wenn jemand in das Zelt kommen sollte. Und du geh nun schlafen; und wenn der König des Weges kommen sollte, sag ihm, dass ich schon zur Ruhe gegangen bin und nicht aufgeweckt werden möchte.«

Und immer noch wartete Tristan unter den Dornbüschen oben am Bergesabhang und spähte hinunter zum Lager, bis es dort still wurde; und er sah das Licht schimmern im Zelt der Königin wie eine matt leuchtende rote Rose im Dunkel der Herbstnacht.

Da erhob er sich endlich und schlich hinab,

still wie ein Schatten, und Kaherdin blieb in seinem Versteck hinter den Büschen und sah ihm nach.

Die Decke, die vor dem Eingang des Zeltes hing, war beiseite gezogen und er trat ein.

Der alte Hund, der neben Iseult auf dem Boden lag, sprang auf, als er ihn sah, und kam zu ihm und rieb winselnd seinen großen zottigen Kopf an seinen Knien. Und dort saß Iseult auf bunten Kissen und kämmte ihr Haar, das rot war wie glühendes Kupfer im rauchigen Fackellicht.

»Lösch die Fackel«, sagte sie. »Sie hat dir den Weg zu mir gewiesen; doch der Mond kann Geheimnisse besser verhüllen.« Und sie legte ihren silbernen Kamm neben sich und breitete die Arme aus um ihn zu empfangen.

Iseults Lachen

Früh am nächsten Morgen, als der Herbstnebel noch zwischen den Bäumen schwebte, nahmen Tristan und Iseult voneinander Abschied. »Zeig mir meinen Ring«, sagte Iseult im letzten Augenblick. Und Tristan zeigte ihn ihr; er hatte ihn an einer Lederschnur um den Hals gehängt. Sie berührte den Ring. »Fragt sich deine Gemahlin, jene andere Iseult, von der du mir heute Nacht erzähltest, nie, warum du einen Frauenring am Hals trägst?«

»Sie ist klug genug nicht danach zu fragen.«

»Sie ist klüger als ich an ihrer Stelle wäre«, sagte Iseult. »Steck ihn wieder in dein Hemd; und vergiss nie, dass er mich zu dir rufen kann. Und vergiss auch nicht den Bann, unter den ich dich stellte, als wir uns das letzte Mal trennten.«

»Ich werde es nicht vergessen. Alles, worum man mich in deinem Namen bittet, werde ich tun, denn ich liebe dich.«

Da nahm sie sein Gesicht zwischen ihre Hände und küsste ihn; und er verließ sie am Eingang des Zeltes und huschte hinaus durch das

Lager, das immer noch tief im Schlaf lag, und stahl sich hügelan zu dem Versteck, in dem Kaherdin wartete.

Sie sprachen nicht über die vergangene Nacht, sondern machten sich auf den Weg zur Halle des Seneschalls. Doch sie gingen den Weg nicht zu Ende. Tristan wagte nicht Dynas, seinen Freund, noch mehr in Gefahr zu bringen; und er ließ Gorvenal und Kaherdins Knappen befehlen ihnen an einer bestimmten Stelle mit den Pferden entgegenzukommen, damit sie gemeinsam ohne Verzug zur Südküste Cornwalls reiten könnten.

Nun fügte es sich aber unglücklicherweise, dass einer der Edelleute von König Marc, Beri genannt, mit ein paar der Gefährten verspätet der Jagdgesellschaft nachritt und sie auf ihrem Weg zu dem verabredeten Ort sah. Kaherdins Schildknappe war dunkelhaarig und hatte die gleiche schlanke Gestalt wie Tristan. Der Mann aber, der ihn nur flüchtig sah und Gorvenal an seiner Seite erspähte, glaubte wirklich, er sei Tristan, und rief ihn an, weil er herauszufinden gedachte, was er in Cornwall verloren habe und ihm von der Jagdgesellschaft erzählen wollte; denn Beri war ein Freund der Königin, wenn man ihn auch einen etwas törichten Gesellen nennen musste.

Als Gorvenal hörte, dass jemand nach Tristan rief, sagte er rasch zu dem Schildknappen: »Reit los! Wenn sie uns hier finden, kann es für uns alle verhängnisvoll werden!« Und sie gaben ih-

ren Pferden die Sporen und galoppierten los und ließen die mitgeführten Pferde ebenso galoppieren.

Hinter sich hörten sie das Hufgetrappel von Beris Pferd, der ihnen nachjagte, und darüber seine Rufe: »Tristan! Tristan! Willst du flüchten wie ein Dieb? Kehr um, wenn du Ehre im Leib hast!«

»Reit zu!«, sagte Gorvenal.

»Dann bleibt im Namen der Königin Iseult, wenn Ihr sie noch liebt!«

»Weiter!«, sagte Gorvenal leise.

Die Rufe des Mannes verklangen hinter ihnen und schließlich merkten sie, dass sie ihn und seine Begleiter abgeschüttelt hatten. Dann schlugen sie einen weiten Bogen über die Moore und gelangten schließlich an den Platz, an dem Tristan und Kaherdin auf sie warteten.

»Ihr habt lange gebraucht«, sagte Tristan.

»Wir waren gezwungen, einen weiten Umweg zu machen um ein paar Männer abzuschütteln, die uns nachritten«, sagte Gorvenal. »Sie müssen Bryn für dich gehalten haben, denn einer von ihnen – es war Beri, wenn ich recht gesehen habe – rief ihm nach, er solle umkehren, erst um seiner Ehre willen, dann im Namen der Königin, wenn er sie noch liebte.«

Als er aber dies hörte, hätte Tristan am liebsten den Kopf in den Nacken geworfen und aufgeheult wie ein Hund, weil er an sein Versprechen Iseult gegenüber dachte und wusste, welcher Schaden angerichtet worden war, ohne dass jene es ahnten.

Beri indes, der den Mann aus den Augen verloren hatte, den er für Tristan hielt, ritt verwirrt weiter um die Jagdgesellschaft einzuholen; sodann versuchte er die Königin allein zu sprechen, und berichtete ihr, wie er Tristan gesehen und ihm nachgerufen habe und wie der seinem Pferd die Sporen gegeben hatte und davongesprengt war und auch dann nicht umkehrte, als er ihn im Namen der Königin darum bat.

Als sie das hörte, stieg der Zorn heiß und bitter in ihr auf, und sie gedachte des Versprechens, das Tristan ihr noch an diesem Morgen gegeben hatte. Er hat die Treue gebrochen, dachte sie. Und das hätte er nie tun können, wenn er mich noch liebte. All seine Versprechen waren trügerisch und es ist Iseult Weißhand, der nun sein Herz gehört.

Da rief sie Perenis zu sich und bat ihn Tristan nachzureiten und ihm zu sagen, wenn er seine Versprechen so rasch vergäße, so möge er auch all das vergessen, was zwischen ihnen gewesen war.

So ritt Perenis schweren Herzens davon. Er wusste, wo Tristan und Kahcrdin die anderen mit den Pferden treffen wollten, und kannte den Weg, welchen sie von dort aus nach Süden nehmen würden; und bei der Furt durch einen Fluss holte er sie ein und überbrachte Tristan seine Botschaft.

Als er sie hörte, sagte Tristan: »Das fürchtete ich. Perenis, hast du je erlebt, dass ich die Königin belogen hätte?«

Perenis schüttelte den Kopf.

»Dann kehr zu ihr zurück und sag ihr dies: dass nicht ich es war, den Baron Beri sah, sondern ein Schildknappe – sieh, hier steht er, mit dunklem Haar wie ich und von ähnlicher Gestalt –, der mit Gorvenal und den Pferden auf dem Weg zu uns war. Er wusste nichts von dem Versprechen, das ich der Königin gegeben habe. Sagt ihr, wenn ich es gewesen wäre, so wäre ich umgekehrt, auch wenn mir eine feindliche Horde auf den Fersen gewesen wäre.«

»Ich werde es ihr sagen«, antwortete Perenis. »Doch ich weiß nicht, ob sie es glauben wird, denn sie ist so erzürnt, dass sie weder zuhören noch denken kann.«

»Tut, was in Euren Kräften steht«, sagte Tristan, »und bringt mir ihre Antwort. Wir wollen hier auf Euch warten.«

So machte sich Perenis also wieder auf den beschwerlichen Weg und sah, dass die Königin sich schon in ihr Zelt zurückgezogen hatte, denn es war Nacht geworden. Er berichtete ihr getreulich alles, was Tristan gesagt hatte; doch sie hörte es mit kaltem, abgewandtem Gesicht an. Und als er geendet hatte, sagte sie nur: »Was hat Tristan dir gegeben, dass du mir diese Geschichte erzählst?«

»Herrin«, sagte Perenis, »Ihr seid ungerecht, meinem Herrn Tristan gegenüber ebenso wie mir!«

Sie sah ihm lange ins Gesicht, und dann lachte sie. »Kein Bestechungsgeld? Ach, du schlichte Seele, du glaubst ihm? Dann geh zurück zu ihm und sag ihm, dass ich ihm nicht so leicht glaube wie du.«

»Herrin, wollt Ihr keine freundlichere Botschaft überbringen lassen?«

»Warum sollte ich das tun? Wer seinen Schwur bricht, zählt für mich nicht mehr«, sagte sie.

Da ritt Perenis wieder zurück mit einem neuen Pferd, selbst aber müde bis in die Knochen. Und er erreichte tief in der Nacht den Platz, an dem Tristan und seine Gefährten warteten, in ihre Umhänge gewickelt, die Pferde in der Nähe angebunden.

Tristan hörte ihn an und saß, wie schon die ganze Nacht, neben dem kleinen Feuer, das er zum Schutz vor den Wölfen hatte brennen lassen. Und er beugte den Kopf nieder auf seine überkreuzten Arme und stöhnte.

»Nun bleibt nichts mehr zu tun«, sagte Kaherdin. »Sobald es tagt, werden wir uns auf den Weg machen. Wenn wir ein Schiff ausfindig machen, können wir in fünf Tagen in der Bretagne sein. Meine Schwester ist nicht so schön wie die Königin von Cornwall, aber sie ist liebenswürdiger.«

Doch Tristan hörte ihm gar nicht zu. »Ich will selbst zu ihr gehen«, sagte er. »Ich kann sie nicht so verlassen.«

Darauf sagte Gorvenal: »Hast du den Verstand verloren? Du setzt dein Leben aufs Spiel, wenn du zurückgehst!«

»Nein, denn ich werde nicht in meiner Gestalt hingehen. Doch auch wenn ich mein Leben damit wirklich aufs Spiel setzte, könnte ich sie nicht so zurücklassen.«

Gorvenal seufzte. »Dann kommen wir mit dir.«

»Dies geht nur mich und Iseult, die Königin,

an. Da hat kein anderer etwas verloren. Lass Perenis jetzt zurückreiten und warte mit den anderen hier auf mich. Wenn ich zurückkomme, dann ist es gut, und wenn nicht – dann wünsche ich euch günstige Winde und gute Pfade auf dem Heimweg.«

»Und was geschieht mit meiner Schwester?«, fragte Kaherdin.

»Tröste sie, so gut du kannst. Sie wird es brauchen. Ich aber eigne mich nicht dazu, ihr Trost zu spenden.«

Dann begann Tristan mit seinen Vorbereitungen. Er nahm den alten grauen Umhang mit der Kapuze, den er getragen hatte, weil er sich aus den Farben der Landschaft nicht abheben und niemandem auffallen würde; und er hieb mit dornigen Ästen darauf und schlug ihn auf Steine, bis er in Fetzen hing; er rieb ihn mit Holzasche aus dem Feuer ein und mit den stark farbigen Flechten, die an der Nordseite der Bäume wuchsen. Und dann machte er sich mit einem Dolch ans Werk und schnitzte aus ein paar Stücken trockenem Holz eine Klapper.

Gorvenal beobachtete ihn wie ein wachsamer Hund und fragte schließlich, was er da täte.

»Ich schnitze mir eine Aussätzigenklapper.«

»Eine Aussätzigenklapper?«

»Das ist eine gute Verkleidung; kaum einer wagt es, einem Aussätzigen die Kapuze vom Kopf zu ziehen. Ich ging schon einmal in dieser Verkleidung zu ihr, erinnere dich; jetzt werde ich wieder als Aussätziger zu ihr gehen und vielleicht erinnert sie sich dann an jenes erste Mal.«

Und er machte sich auf den Weg; die anderen aber warteten bangen Herzens auf ihn.

Er musste weit gehen, denn die Jagdgesellschaft war schon auf dem Heimweg; und er musste die ganze Strecke querfeldein und zu Fuß zurücklegen. Es war lange nach Mittag, als er die Jagdhörner hörte, mit denen in der Ferne die Hunde zusammengerufen wurden; und er gelangte ein Stück vor der Jagdgesellschaft auf ihren Weg. Er blieb am Rande stehen und ließ das trostlose Geräusch seiner Klapper ertönen, als die ersten Reiter des Zuges an ihm vorüberkamen. Viele von ihnen warfen ihm mitleidige oder angstvolle Blicke zu. Manche rissen ihre Pferde zur Seite, manche warfen ihm kleine Münzen zu. Er aber achtete nicht auf sie, er stand nur da, das Gesicht in der Kapuze verborgen, während sie vorüberzogen, bis schließlich die Königin und ihre Damen herannahten. Da sprang er vor die Pferde. Die Leute versperrten ihm den Weg um die Königin zu schützen, verfluchten ihn und schrien, er solle sich fortscheren. Aber er rief ihnen zu, dass ihm in einem Traum versprochen worden sei, er würde von seiner Krankheit geheilt werden, wenn die Königin Iseult ihm ins Gesicht sähe.

»Das Gesicht eines Aussätzigen? Was für ein Anblick für die Königin!«, schrie Brangian und drängte sich mit ihrem Pferd zwischen die beiden.

Die Königin aber sagte freundlich: »Es ist nicht viel, was er erbittet«, und sie hieß Brangian mit einer Handbewegung Platz zu machen und näherte sich ihm rasch auf ihrem Pferd. Und Tristan stand neben ihrem Steigbügel und sah zu ihr auf und seine Kapuze verbarg sein Gesicht vor allen anderen außer vor ihr. Sie beugte sich nieder und sah ihn an und er gewahrte, wie ihre Augen sich weiteten und ihr Ausdruck sich veränderte. Sie sah ihn lange und starr an; dann sagte sie mit einer Stimme, die klar, fein und kalt wie eine Glocke klang: »Ich habe es gesehen. Geh jetzt deiner Wege, Aussätziger.« Und sie lenkte ihr Pferd zur Seite.

»Noch nicht!«, rief Tristan.

»Ich habe es gesehen und ich habe es satt!«, sagte Iseult und wandte sich zu den Höflingen und Jagdknechten, die sie umstanden: »Jagt ihn fort! Fort! Steinigt ihn, wenn er nicht weichen will! Ich bitte Gott, dass ich dieses Gesicht nie wieder sehen muss!«

Da schrien sie alle: »Fort! Weg mit dir, Aussätziger!« Und Steine, vom Weg aufgehoben, prasselten auf ihn nieder. Doch Tristan hörte die Schreie nicht und spürte die Steine nicht. Alles, was er hörte und alles, was er spürte, war Iseults hohes, grausames Lachen. Und er wandte sich ab und stolperte davon.

Noch lange, nachdem die Jagdgesellschaft

sich in der Ferne verloren hatte, glaubte er dieses Gelächter aus jeder Vogelstimme in den Bäumen zu hören.

Die Nacht brach herein, als er wieder bei den dreien angelangt war, die am Fluss auf ihn warteten. Und sie sahen sein zerschnittenes und blutiges Gesicht im Feuerschein und sie sahen den Blick seiner Augen und sie fragten nicht.

So kehrten sie in die Bretagne zurück und Iseult Weißhand trat ihnen am Burgtor entgegen; und Tristan sprang vom Pferd und nahm sie in die Arme und küsste sie, wie er es nie zuvor getan hatte.

Und Iseult von Cornwall? Als die Monate dahingingen, begann sie bitter zu bereuen, dass sie

Tristan so grausam von sich gejagt hatte, und dachte, er habe vielleicht doch die Wahrheit gesagt. Und mit der Zeit wünschte sie sich mehr als alles in der Welt, dass er zurückkäme. Und nie kam ein Fremder in ihre Nähe, ohne dass sie hoffte, er würde ihr den Ring bringen; und nie ging ein Mann im Kapuzenumhang vorüber, ohne dass ihr Herz rascher schlug und ihr im Hals klopfte bei dem Gedanken, dass es Tristan selbst sein könnte.

Doch die Monate gingen dahin und die Jahre gingen dahin und der Ring wurde ihr nie gebracht. Und das Gesicht unter der Kapuze war nie Tristans Gesicht. Und ihr Herz wurde des Wartens und Sehnens müde und die Krone der Königin von Cornwall lag kalt und schwer auf ihrem Haupt.

Der Kranz
und die Halme

Auch für Tristan gingen die Monate und Jahre dahin. Er hatte Iseult von Cornwall aus seinem Herzen gerissen und er hatte einen Frieden gefunden mit Iseult Weißhand, der manchmal fast Glücklichsein war. Er hatte ihr nie von der anderen Iseult erzählt, aber sie hatte immer geahnt, was der Ring an seinem Hals bedeutete. Und da sie ihn liebte, wusste sie auch alles andere, ohne dass er ihr davon erzählt hätte, und sie spürte es, als er sich von jener abwandte, der der Ring gehörte, und sie tat alles, was in ihrer Macht stand, die Verletzung zu heilen und war doch zugleich froh, dass es eine Verletzung gab, die sie heilen konnte.

Da erreichte Tristan eines Tages die Nachricht, dass sein Vater gestorben und dass Krieg ausgebrochen sei zwischen den Edelleuten von Lothian; und er ging zu König Hoel und sagte ihm, dass er in sein Heimatland zurückkehren müsse. Der alte König gab ihm dreihundert Krieger mit auf den Weg; und er ritt davon mit Gorvenal und ließ Iseult Weißhand wartend zurück.

Zwei Jahre war er fort um mit den Zerstrittenen zu verhandeln und zu kämpfen und in seinem Königreich Ordnung herzustellen. Dann zog er wieder in die Bretagne und ließ Gorvenal zurück, dass er an seiner Statt das Land regiere.

Er erfuhr vom Tod Hoels und sah, dass nun Kaherdin König war. Doch die Freundschaft zwischen ihnen war so fest wie eh und je; und als sie eines Tages gemeinsam vor den Toren der Stadt zur Falkenjagd ausritten – sie waren schon vor langer Zeit von der alten Festung Carhaix in die Königsstadt Kaherdins zurückgekehrt –, da sagte Tristan zu seinem Freund: »Jetzt, da du König bist, solltest du daran denken, dir eine Frau zu nehmen.« Und als er seinem auffliegenden Falken nachsah, dachte er daran, wie er sich mit den kornischen Edelleuten versammelt und die gleichen Worte zu König Marc gesagt hatte; und er dachte an das, was danach geschehen war.

»Du bist nicht der Erste, der mir das sagt«, antwortete Kaherdin. »Und ich weiß, dass du Recht hast. Aber . . .«

»Aber dein Herz hängt immer noch an Gargeolain.«

»Ja, so ist es.«

»Dann geh noch einmal zu ihr, wie ich zur Königin von Cornwall gegangen bin – denn du siehst ja, welch zufriedener Ehegemahl ich jetzt bin«, sagte Tristan leichthin und mit Bitterkeit. Und hoch oben am Himmel stieß der Falke auf einen auffliegenden Reiher nieder und der Wind wehte eine Wolke von dunklen Federn herab.

Kaherdin schob eine Hand in den Ausschnitt seines Hemdes, zog einen großen Schlüssel heraus und zeigte ihn Tristan. »Ich habe diesen Gedanken schon oft gefasst.«

»Der Schlüssel zur Burg ihres Herrn?«, fragte Tristan mit einem Blick auf seine Hand.

»Ich bestach vor langer Zeit einen ihrer Diener mir einen Wachsabdruck anfertigen zu lassen und mein Schmied tat das Übrige.«

»Hast du nie davon Gebrauch gemacht?«

»Bis heute nicht«, sagte Kaherdin. Und sie zügelten ihre Pferde und wandten sich einander zu. Da lachte Kaherdin und sagte: »Komm mit mir. Ich habe dich auch begleitet.«

Und, o Unheil, Tristan sagte: »Ich komme mit dir.« Da ritten sie gemeinsam dem Falken nach, der seine Beute gemacht hatte.

Wenige Tage später, als Bedenis wie gewöhnlich auf die Jagd gegangen war, kamen Tristan und Kaherdin aus dem Wald hervorgeritten und hielten vor den Toren seiner Festung an. Kaherdin hatte seine prächtigsten Gewänder angelegt wie ein Bräutigam und auf seinem aschblonden Haar lag ein Kranz aus Geißblatt und wilden Akeleien; doch als sie über den Damm ritten, der über die drei tiefen Gräben der Festung führte, trug ein plötzlicher Windhauch den Kranz davon und er fiel ins Wasser. Sie gelangten an das Tor und Kaherdin schlug mit dem Knauf seines

Schwertes dagegen. Eine Frauenstimme rief: »Wer ist da?« Und mehrere Frauenköpfe mit Zöpfen erschienen über den hohen Zinnen.

Kaherdin rief hinauf zu ihnen: »Geht, sagt der edlen Gargeolain, dass König Kaherdin vor ihren Toren steht und Einlass begehrt.«

Da riefen die Frauen kichernd: »Der König! Der König ist da!« Und eine von ihnen rief hinab: »Gerne, sehr gerne würde unsere Herrin Euch einlassen; doch es gibt nur einen Schlüssel zum Tor, und den trägt unser Herr Bedenis immer bei sich. Ohne den Schlüssel könnt Ihr aber nicht herein.«

»Es gibt noch einen Schlüssel und den habe ich hier in meiner Hand. Geht und bittet Eure Herrin um die Erlaubnis, dass ich ihn im Schloss umdrehe und eintrete.«

Da ging eine der Frauen weg und kam nach einer Weile zurück und rief zu ihm hinunter: »Die gnädige Frau Gargeolain bittet Euch den Schlüssel im Schloss umzudrehen und hereinzukommen!«

Und als er vom Pferd gestiegen und eingetreten war, umschwirrten ihn die Frauen in ihren bestickten Gewändern fröhlich wie eine Vogelschar und hießen ihn und Tristan willkommen und zogen sie mit sich fort und versorgten ihre Pferde und führten sie in die große Halle. Und in der großen Halle wartete Frau Gargeolain. Und Tristan sah, dass sie klein und zart war; sie hatte ein Gesicht wie eine Blume und sie war verletzlich wie eine Blume; und er fragte sich, warum Kaherdin sie liebte. Sie streckte dem großen, strahlenden, hässlichen Mann ihre Hände entgegen und Tristan wunderte sich, dass solche törichten Händchen ein so starkes und tapferes Herz gefangen halten konnten; doch dann sah er ihre Gesichter, wie sie ganz dicht voreinander standen, und er fragte sich nichts mehr.

Nach einem Augenblick trat Gargeolain einen Schritt zurück, sich an ihre Pflichten einem Gast gegenüber erinnernd, und sagte zu ihren Frauen: »Bleibt hier und heißt unseren anderen Gast willkommen; bereitet ihm alle Annehmlichkeiten. Es ist lange her, dass mein Herr Kaherdin und ich beisammen waren und wir haben einander vieles zu sagen.« Und dann zog sie ihn an der Hand in ein Nebengemach.

Da brachten die anderen Frauen Wein und feines weißes Brot und leuchtend rote Erdbeeren in einer Schale für Tristan und er aß und trank und erwies ihnen die höflichsten Freundlichkeiten. Und die Zeit verging, aber Kaherdin und Gargeolain kehrten nicht zurück. Da nahm er die kleine Harfe, die jemand auf einer mit Kissen belegten Bank hatte liegen lassen, stimmte sie und spielte für die Frauen und immerzu wartete er, dass die Tür zum Nebenzimmer sich öffne. Und als die beiden immer noch nicht kamen, begann er die Zeit zu vertreiben mit allerlei Fingerfertigkeiten, und die Frauen, die so abgeschieden lebten, fanden solche Dinge in ihrer Einfalt entzückend. Nachdem er einige Kunststücke gezeigt hatte, zog er aus dem Stroh, das den Boden bedeckte, eine Hand voll fester Halme heraus; die zerbrach er in kurze Stücke und warf eines davon zur Wand, so dass es den bestickten Teppich, der dort hing, durchbohrte und zitternd hängen blieb, so wie er vor langer Zeit ein grünes Schilfrohr als Zeichen in die Mähne von Iseults Pferd hatte schnellen lassen. Dann schickte er einen zweiten Halm hinterher, so dass seine Spitze in der Öffnung des ersten Halmes stecken blieb und die Spitze des dritten in der Öffnung des zweiten und so fort. Und das tat er viele Male, denn die Damen schienen seines Kunststückes nicht überdrüssig zu werden, das noch keine von ihnen zuvor gesehen hatte, denn Tristan allein beherrschte es.

Schließlich kehrten Gargeolain und Kaherdin zurück. Sie hatten einander schon die Abschiedsworte gesagt. Die Pferde wurden geholt und er und Tristan verließen die Frauen und gingen zum Tor hinaus, das sie hinter sich verschlossen. Kaherdin aber dachte nicht mehr an seinen Blumenkranz, der inmitten der Wasserpflanzen des inneren Burggrabens schwamm, und Tristan dachte nicht mehr an die Halme, die in den Wandbehängen der großen Halle steckten. Als sie zur Stadt zurückritten, spürten sie eine Hirschkuh auf; und obwohl sie keine Jagdhunde bei sich hatten, jagten sie nach ihr, denn ihnen stand der Sinn nach Narreteien; und sie ermüdeten ihre Pferde ohne Not.

Nun kehrte aber Herr Bedenis unglücklicherweise sehr früh von der Jagd zurück. Er sah Kaherdins Kranz zwischen den weißen Hahnenfußblüten im Wasser schwimmen und wusste, dass jemand hiergewesen war. Und als er in seine große Halle kam, sah er die Halme im Wandbehang stecken; und er wusste, dass keiner in der ganzen Bretagne solche Kunstfertigkeit besaß außer Tristan.

Er wusste, dass Tristan der Busenfreund von König Kaherdin war, und er wusste, dass seine Gemahlin Kaherdin geliebt hatte, bevor man sie zur Ehe mit ihm gezwungen hatte. Und er war kein Narr.

»Wer war hier?«, befragte er Gargeolain.

»Niemand«, sagte sie. Aber sie war totenbleich und zitterte wie eine weiße Pappel.

Da stieg der Zorn in Bedenis auf und er zog sein Schwert, packte sie an den Haaren und zwang sie auf die Knie, die Spitze der Schwertklinge an ihrem Hals. »Wer war hier?«

»Keiner, wirklich keiner, Herr!«, behauptete sie immer noch.

Er ritzte ihren Hals, so dass ein blutroter Tropfen auf ihre weiße Haut trat. »Es war der König! Gebt es zu, es war der König! Sagt es mir, damit ich diesen schönen Hals schonen kann!«

Da schrie sie es ihm schließlich entgegen: »Es war der König!«

Er stieß sie von sich, so dass sie zwischen ihren erschrockenen Hofdamen zu Boden fiel, und stürmte hinaus, nach neuen Pferden und seinen Männern rufend. Und kurz darauf sprengten sie durch den Wald, auf die Küste und die Königsstadt zu.

Tristan und Kaherdin hörten fern hinter sich das Krachen der Zweige und das Stampfen der Hufe. »Bruder«, sagte Tristan, »ich höre Pferde und ich glaube zu wissen, wer hinter uns dreinjagt.«

»Bruder«, sagte Kaherdin, »auch ich höre Pferde; und ich glaube, es ist der Tod, der hinter uns her ist.« Und er lachte aus vollem Hals, wie er über beinahe alles in seinem Leben gelacht hatte.

»Unsere Pferde sind erschöpft, es gibt wenig Hoffnung dieser wilden Jagd zu entrinnen«, sagte Tristan. »Und ich will nicht hinterrücks getroffen werden. Wenn du bei mir bleiben willst, lass uns einen guten Platz suchen um uns zu stellen und unseren letzten Kampf auszufechten.«

»Ich will es«, sagte Kaherdin.

Und sie gaben ihren Pferden die Sporen zu einem letzten wilden Galopp, bis sie an dem Platz waren, wo ein Kalkfelsen sich im Wald erhob, der ihnen Rückendeckung geben konnte. Und bei diesem Felsen machten sie kehrt, das Schwert in der Hand, und warteten, dass die Verfolger sie einholten.

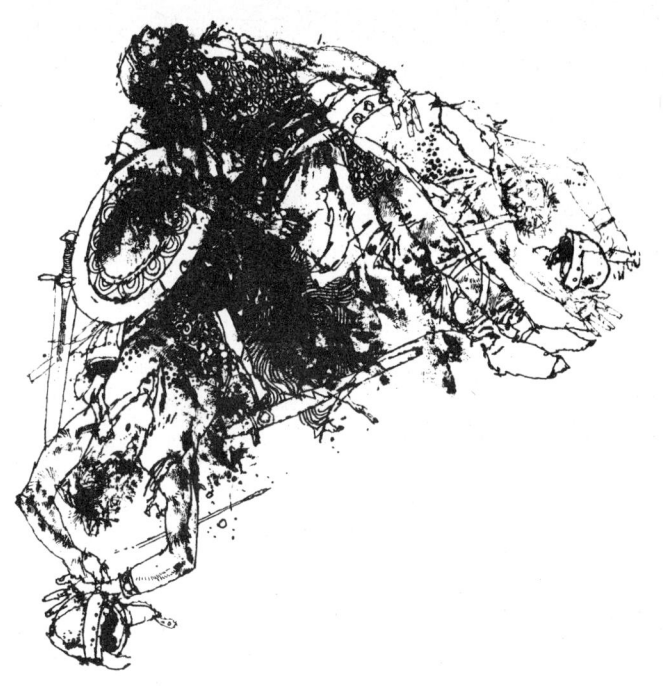

»Ich wollte im Kampf sterben«, sagte Kaherdin, »einen Tod, den die Harfenspieler besingen
sollten. Und ich werde sterben mit dem Schwert
eines eifersüchtigen Ehemanns in der Gurgel.
Das Leben ist ein schlechter Scherz!«

»Wir können schon noch einen heldenhaften
Kampf führen«, sagte Tristan. »Einen kleinen
Kampf, aber einen blutigen – genug für ein kur-
zes Lied.« Und seine Hand umfasste den
Schwertknauf fester, als Bedenis und seine Be-

gleiter am anderen Ende der Lichtung aus dem Wald hervorbrachen.

Die Vögel flogen schreiend aus den Wipfeln auf beim Klirren der Waffen. Es waren zwanzig gegen zwei, doch Tristan und Kaherdin schlugen sich tapfer. Ihre Pferde brachen tot unter ihnen zusammen und sie kämpften auf dem Boden weiter. Dann sank Kaherdin zwischen drei toten Männern zu Boden mit einem letzten trotzigen Schrei, der von dem roten Blutschwall aus seinem Hals erstickt wurde; und Tristan stellte sich mit gespreizten Beinen über seinen Leichnam und kämpfte allein weiter. Er sah Bedenis' gefletschte Zähne vor sich und erhob das Schwert zu einem kräftigen Hieb; doch er war so erschöpft, dass seine Bewegung zu langsam geriet, und die Klinge eines anderen traf ihn von der Seite unter seinem Kettenhemd und durchbohrte seine Leiste. Er ging in die Knie und versuchte wieder aufzustehen um dem Tod aufrecht zu begegnen; da drehte sich der Himmel über den Wipfeln dunkel vor seinen Augen und er verlor die Besinnung.

Als alles vorüber war, ritt Bedenis mit den wenigen Männern, die von seinen Mitstreitern übrig geblieben waren, finster und niedergeschlagen zur Burg zurück. Er hatte die Schande seines Hauses gerächt, aber er hatte gute Freunde im Kampf verloren und er hatte den König erschlagen. Und er wusste, dass er eines Tages dafür würde büßen müssen.

Das schwarze Segel

Am nächsten Morgen fanden Abgesandte aus der Stadt Tristan und Kaherdin neben ihren Pferden vor der Felswand und rings um sie die Krieger, die sie erschlagen hatten, bevor sie überwunden wurden. Kaherdin, der König, war tot und Tristan schwer verwundet und es schien, als sei kaum noch ein Funken Leben in ihm.

Sie schnitten Zweige und flochten sie zu großen Bahren und trugen die beiden zurück in die Stadt, den einen, damit er in seiner Kammer im Königsschloss liegen sollte und Iseult Weißhand seine Wunden waschen und den dünnen roten Blutfluss zum Stillstand bringen konnte; den anderen, damit er vor dem Altar in der Kirche aufgebahrt liegen sollte, mit brennenden Kerzen zu seinem Haupt und zu seinen Füßen.

Am nächsten Tag wurde Kaherdin mit all dem feierlichen Prunk beerdigt, mit dem man Könige zu Grabe trägt; und die ganze Bretagne trauerte um ihn. Und von weither kamen die Ärzte, die Prinzessin Iseult herbeigerufen hatte, um all ihre Kunst zur Heilung von Tristans Wunde zu versuchen. Einer nach dem anderen wendete seine

Heilmittel an und einer nach dem anderen schei-
terte. Es war wieder wie nach Tristans Kampf mit
dem Morholt. Die Wunde schwärte und Tristan
verließen die Kräfte von Tag zu Tag mehr.

Er wusste, dass es auch diesmal nur einen
Menschen auf der Welt gab, der ihn heilen
konnte, und das war Iseult von Cornwall. Doch
ob sie ihm Heilung bringen konnte oder nicht,
er sehnte sich nach ihr, und wenn er ihr Gesicht
nur noch ein einziges Mal sehen sollte vor seinem Tod. Und Iseult Weißhands Gesicht war
ihm fremd, als kenne er sie nicht. Schließlich ließ
er Kaherdins Schildknappen rufen – jenen Bryn,
der sie auf ihrem letzten Ritt nach Cornwall begleitet hatte – und er nahm den Ring von der
Schnur um seinen Hals und gab ihn dem Knappen. »Bring diesen Ring der Königin von Cornwall. Sag ihr, wie es um mich steht, und bitte sie
rasch zu mir zu kommen, denn wenn sie nicht
kommt, muss ich sterben. Und wenn du zurückkehrst und sie bei dir ist, lass euer Schiff weiße
Segel aufziehen; doch wenn sie nicht kommt,
lass schwarze Segel aufziehen, denn dann ist es
Zeit für mich, Trauer zu tragen.«

Da verkleidete sich Bryn als Kaufmann und
segelte nach Cornwall. Und er kam nach Tintagel und gelangte in die Gemächer der Königin
unter dem Vorwand, er habe Edelsteine zu ver-
kaufen, die ihr gefallen könnten. Als sie allein
waren und nur noch Brangian bei ihr weilte, bat
ihn die Königin ihm seine Waren zu zeigen,

wenn er etwas habe, das es wert sei von ihr betrachtet zu werden.

»Wahrhaftig«, sagte er, »ich habe einen Edelstein, der es wert ist von Euch betrachtet zu werden, Lady. Dies ist er.« Und er zeigte ihr den goldenen Ring, den sie Tristan vor langer, langer Zeit gegeben hatte.

Die Königin sah schweigend darauf und ihr Gesicht wurde bleich wie Schnee und dann brannten ihre Wangen wieder feuerrot und ihre Augen glänzten wie die Augen eines Falken. »Welche Botschaft bringt mir dieser Ring?«, fragte sie schließlich.

»Mein Herr bittet Euch zu ihm zu kommen, denn er ist schwer verwundet und liegt im Sterben.«

Da wich das Feuer aus ihren Wangen und sie wurde wieder weiß wie Schnee. »Wie ist das geschehen?«, fragte sie.

Da berichtete ihr der Schildknappe, was sich ereignet hatte.

»Warte«, sagte sie, »ich hole herbei, was ich brauche.« Und zu Brangian sagte sie: »Befiehl Perenis, er soll mein Pferd jenseits des Obstgartens bereithalten und dem Schildknappen meines Herrn ein neues Pferd bringen. Und gib ihm inzwischen Speise und Trank. Ich werde rasch wieder zurück sein.«

Da sagte Brangian: »Drei Pferde, Herrin. Ihr müsst mich mit Euch reiten lassen.«

»Nein«, sagte Iseult, »denn Euer Leben ist

hier und wie der Wind auch wehen mag, ich glaube nicht, dass er mich wieder zurück nach Cornwall bringen wird.«

Und so ließ Iseult von Cornwall ohne sich noch einmal umzuwenden schließlich ihren Gemahl und ihr Land, ihre Krone und ihre Ehre zurück und ritt mit Tristans Boten, nichts als eine kleine geschnitzte Schatulle mit den Kräutern und Salben, die sie zum Heilen brauchte, im Gepäck. Und erst als der Hof sich am Abend in der großen Halle versammelte und ihr Platz neben dem König leer war, wussten der König und die anderen, dass sie fortgegangen war.

Indessen lag in der hohen Burg an der bretonischen Küste, als die Zeit für Bryns Rückkehr nahte, Tristan auf seinem Lager wie einer, der schon tot ist; nur in seinen fieberglänzenden Augen glühte noch Leben. Und ein Gedanke ging in ihm um wie ein gefangenes, gequältes Wesen: Würde das Segel des Schiffes, wenn es nahte, weiß oder schwarz sein? Weiß oder schwarz? Weiß oder schwarz?

Nun hatte Iseult Weißhand aber gesehen, dass der Frauenring nicht mehr an seinem Halse hing. Als sie in den langen Nächten bei ihm saß, wenn das Fieber in seinem Leib tobte, hörte sie ihn in den wilden Wachträumen seiner Krankheit unaufhörlich sprechen. Und da wusste sie, dass er nach der anderen Iseult hatte schicken lassen, und erfuhr von dem Zeichen des weißen oder schwarzen Segels. Und Eifersucht zerriss sie und sie dachte: Ich war in diesen fünf Jahren seine liebende und treue Gemahlin; und was hat sie für ihn getan, diese andere mit meinem Namen? Was hat sie für ihn getan, außer ihm das Herz aus der Brust zu reißen? Und dennoch ist sie es, die er jetzt ruft, und er sieht mich an, als hätten seine Augen mein Gesicht nie zuvor erblickt.

Und die Tage vergingen und die Nächte vergingen und Stürme wehten und dann hielt Windstille das Schiff zurück. Und Iseult sah mit wundem und angsterfülltem Herzen, dass nichts als das Warten auf das Schiff Tristan noch am Leben hielt.

Eines Morgens aber, als das erste Sonnenlicht in die Kammer kroch, erhob sich Iseult von ihrer nächtlichen Wache und schritt zum Fenster, das aufs Meer hinausging, um an der kühlen Luft ihre Stirn zu erfrischen. Und da sah sie draußen auf den blauen Wogen ein Schiff, das aus Cornwall kam und auf den Hafen zusteuerte. Und das Segel war so weiß wie die Unterseite eines Möwenflügels.

Freude und Kummer stiegen zugleich in ihr auf; Freude darüber, dass die Einzige, die Tristan vielleicht retten konnte, zu ihm kam; und Kummer darüber, dass es die Frau war, die er liebte, wie er sie nie geliebt hatte. Ihre Augen waren mit einmal blind von bitteren Tränen und Freude und Kummer rangen in ihr und dieser Kampf zerriss ihre Seele.

Sie hörte eine leise Bewegung vom Lager her und Tristans Stimme, so schwach, dass sie nur ein Flüstern war: »Was siehst du dort draußen?«

»Ich sehe ein Schiff, es ist noch fern, aber es steuert den Hafen an.«

»Aus welcher Richtung kommt es?«

»Aus Cornwall.«

Wieder regte sich etwas auf dem Lager, heftig und voller Qual, und als sie sich umschaute, sah sie, dass er sich mühselig auf einen Ellbogen gestützt hatte, und sie sah die Angst und die Sehnsucht in seinen Augen. »Sieh noch einmal hinaus und sag mir – welche Farbe hat das Segel?«

Da wallte grausame Eifersucht in ihr auf und einen Augenblick lang war sie voller Zorn auf ihn. Und sie sagte die Worte, bevor sie denken konnte: »Ich muss nicht noch einmal hinaussehen. Das Segel ist schwarz.«

Sie sah, wie das Licht in seinen Augen erlosch; und er fiel zurück auf sein Kissen und wandte sein Gesicht von ihr ab und schaute zur Wand. Sie lief zu ihm und beugte sich über ihn und hörte, wie er flüsterte: »Iseult! Iseult, warum bist du nicht gekommen?« Und sie wusste, dass nicht sie es war, nach der er rief. Und als sie die Arme um ihn legte und ihn an sich zog, da fuhr ein tiefer Schauder durch seinen Leib, und sie rief seinen Namen und presste ihn an sich, doch sie wusste: Er war tot.

Ihre Schreie riefen die Hofdamen herbei und dann auch Tristans Schildknappen; und dann kamen auch der Seneschall und der Priester. Tristans Leichnam wurde für die Beerdigung bereitgemacht und auf eine Totenbahre gelegt, die mit weißer Seide verhängt war. Und man trug ihn in die Kirche und er ruhte dort, wo Kaherdin geruht hatte, mit Kerzen zu seinem Haupt und zu seinen Füßen.

Der Wind wehte den ganzen Tag seewärts und es war schon fast Abend, als das Schiff aus Cornwall endlich in den Hafen einlaufen konnte. Und das Erste, was Iseult von Cornwall aus der Stadt hörte, war der Klang der Glocken. Als sie an Land ging, fragte sie den ersten Menschen, dem sie begegnete: »Für wen läuten die Glocken?« Aber jeder Glockenton sank wie ein Stein in ihr Herz und sie kannte die Antwort, bevor man sie ihr gegeben hatte.

»Für unseren Herrn Tristan, der in der großen Kirche ruht und auf sein Begräbnis wartet.«

Bryn, der Schildknappe, wollte mit ihr gehen, doch sie wehrte es mit einer heftigen Handbewegung ab und ging allein landeinwärts. Mit hoch erhobenem Haupte, so, als trüge sie noch immer ihre schwere Krone, ging sie durch die trauernde Stadt hinauf zwischen den schweigenden Menschen hindurch, die die Straße säumten. Sie sah nicht nach rechts und nicht nach links, sie folgte dem Klang der Glocken, bis sie an das Portal der Kirche kam; und sie sah die Bahre vor dem Altar und die Kerzen am Haupt und an den Füßen des Toten; sie sah die Priester und die

Versammlung der Edelleute und sah die Frau, die stumm ihre weißen Hände rang, neben der Bahre stehen, das Haar aufgelöst zum Zeichen der Trauer.

Sie ging den Mittelgang hinauf, bis sie vor der Bahre stand und blickte über Tristans Leichnam hinweg die andere Frau an.

Dann sprach Iseult von Cornwall mit klarer und kalter Stimme, die durch das Getön der Glocken drang: »Lady, macht Platz, ich bitte Euch, denn ich habe das Recht, näher bei ihm zu sein. Ich beklage ihn mehr als Ihr. Ich liebte ihn mehr als Ihr.«

Ein Murmeln ging durch die Kirche und Iseult Weißhand hielt ihrem Blick stand. »Das bezweifle ich«, sagte sie. »Aber er liebte Euch mehr, als er mich liebte.« Und sie machte Platz und überließ der anderen den Platz an seiner Seite. Da beugte sich Iseult nieder und zog das bestickte Leichentuch beiseite; und sie sah unverwandt in Tristans Gesicht.

»Liebster, du hast nach mir gerufen und ich bin gekommen«, sagte sie. »Es ist zu spät, dich zurückzuholen, aber ich kann mit dir gehen, auf dass wir nie mehr getrennt werden.«

Und sie legte sich auf die Bahre nieder, dicht neben ihn, und schlang die Arme um ihn und küsste ihn lang und innig auf den Mund. Und als sie ihn küsste, brach ihr Herz, und ihr Geist verließ sie um dem seinen zu folgen. Und es lagen zwei Leichname auf der Bahre, wo einer geruht.

Iseult Weißhand wurde zerrissen vom Kummer über den Augenblick der blinden Eifersucht, die sie erfüllt hatte. Und sie ließ Tristan und Iseult gemeinsam in einem würdigen Grab beerdigen. Doch sie sollten nicht lange dort ruhen; denn als König Marc die Nachricht von ihrem Tod erreichte, kam kein Wort der Trauer über seine Lippen; aber er ließ sich in die Bretagne einschiffen und hieß mit der Erlaubnis der Prinzessin Iseult ihre Leichname nach Cornwall zurückbringen; und auch hier ruhten sie wieder Seite an Seite in einem Grab.

Und aus Tristans Herz wuchs ein Nussbaum und aus Iseults Herz ein Geißblattstrauch; und die beiden neigten sich zueinander und schlangen sich ineinander und verwoben sich und konnten nie mehr getrennt werden.